Darío Arizmendi

GABO no contado

AGUILAR

Primera edición: Octubre de 2014

© Darío Arizmendi Posada
© Fotografías: Darío Arizmendi Posada
© 2014, Penguin Random House Grupo Editorial USA, LLC
2023 N.W. 84th Ave.
Doral, FL, 33122
Tel: (305) 591-9522
Fax: (305) 591-7473
www.megustaleerusa.com
www.megustaleerpuertorico.com

Diseño y diagramación: Alan Felipe Rodríguez Rincón
Diseño de cubierta: Sandra Restrepo

ISBN: 978-1-94199-902-8
Printed in USA by HCI Printing

Darío Arizmendi

GABO no contado

AGUILAR

Para Mercedes y sus dos hijos.

Contenido

PRESENTACIÓN

Este libro de Darío Arizmendi tiene el don de la genial complicidad que tanto caracterizó a Gabo en vida, y creo que le habría gustado. Arizmendi ha comprendido bien que el papel que le corresponde desempeñar con este libro es bastante sencillo: echar un cuento, como hacía Gabo con tanto *swing*, e intentar que quede bien contado. El Gabo que vemos en estas páginas se moría de frío en una Cartagena de calor tropical, llamaba a su abuela querida todos los domingos hasta bien adulto, increpaba a su amigo Fidel Castro por no disuadir el Che de su final y fatal aventura en Bolivia, y mamaba gallo, siempre que podía, con un amor a la vida y un buen humor que lo convertían en un ser adorable. Arizmendi capta bien a este hombre, que no solo era un nobel, uno de los grandes de las letras universales y, como dice el presidente Juan Manuel Santos, "el mejor colombiano de todos", sino, para los que tuvieron el privilegio de conocerlo, un hombre entrañable.

Jon Lee Anderson, agosto de 2014.

GABO

sus palabras

Por Darío Arizmendi

Una carta escrita en máquina eléctrica, en la que Gabriel García Márquez dejaba en claro la intención de fundar un periódico en Colombia, fue el comienzo de una amistad personal y profesional muy profunda que se prolongó hasta su muerte. He tenido igualmente el privilegio del cariño y la confianza de Mercedes y de sus hijos Gonzalo y Rodrigo, así como de los hermanos de Gabo, en múltiples circunstancias y viajes.

Quizá por esa manía de reportero, desde el principio tomé notas manuscritas y llené varios cuadernos y libretas, sobre temas trascendentes y triviales; sobre una infinidad de vivencias compartidas. Fui testigo de primera mano en México de hechos tan maravillosos como el de la noticia del Premio Nobel en 1982, y de las ceremonias y festejos de esa gran parranda que fue la recepción del más importante galardón recibido por colombiano alguno.

Un año más tarde, lo acompañé con otros amigos a Aracataca, capital de su mundo mágico de Macondo, después de más de dieciséis años de no visitar el pueblo polvoriento y cálido que lo había visto nacer. Y así sucesivamente, decenas de tertulias literarias, periodísticas y políticas con Belisario Betancur, en ejercicio presidencial, el ex ministro Bernardo Ramírez, Guillermo Angulo, entre otros. Además de entrevistas, reportajes para Caracol Radio y el Canal Caracol, largas peroratas, encuentros varios en México, dos viajes a Cuba, en 1984 y 1989, amén de vivir de cerca "secretos" tales como su primer cáncer en un pulmón, del tamaño de una aspirina, operado con éxito en la Clínica Fundación Santa Fe de Bogotá.

Cuando conocí a Gabo me encantaba la fotografía y a todas partes que iba llevaba dos cámaras, una a blanco y negro y otra a color. Una selección de esas fotografías, un alto porcentaje inéditas, tres de una agencia sueca, y algunas más publicadas en su momento en *El Mundo* de Medellín, ilustran el presente testimonio.

Este libro es mi homenaje de amigo al García Márquez que yo conocí y a su familia. Durante treinta y dos largos años metí las fotos y los negativos en sobres marcados, y lo mismo hice con las notas y apuntes de muchas de nuestras conversaciones. Todas se conservaron y conservan, en un baúl de los recuerdos, los mismos que salieron a flor de piel al leerlos de nuevo y al recrear tantas vivencias excepcionales y únicas desde 1982 en adelante.

Gabo No Contado es una postal del Gabo cercano, humano, íntimo, sencillo y tímido, de agudo sentido del humor, un hombre familiar y bueno, generoso, un papá amoroso y un esposo que siempre amó a la Gaba, quien, en realidad, fue su epicentro, su polo a tierra, su "dueña".

Gracias siempre por haberme honrado con tu amistad y permitirme vivir muchas de tus experiencias y aprender tantas lecciones de vida y de periodismo.

Bogotá, agosto de 2014.

La última
1
ENTREVISTA

—¿Por qué le teme tanto a las entrevistas?
— Sí es cierto que le tengo mucho miedo a
la entrevista porque es algo que me viene
desde la escuela, cuando tenía que presentar
exámenes. La única diferencia entre aquella
y esto es que en aquel momento el único
asustado soy yo y ahora son ustedes también,
lo cual es una buena compañía.

La última entrevista en televisión

El hijo de Aracataca pidió dar su última entrevista en televisión en Cartagena de Indias, justo cuando el sol se ocultara. Y para sorpresa de todo el equipo periodístico que estaba allí, en pleno atardecer caribeño, Gabo se apareció con un suéter rojo de lana como si estuviera en el frío. Con solo verlo, daban ganas de sudar. No había un ventilador cerca.

—Oye, ¿tú qué haces de suéter?

—Me estoy muriendo de frío.

—Pero si estamos a 39 grados, esto es un horno.

—Eso serás tú, a mí me da frío en Cartagena.

El escritor se congelaba de los nervios, sin importar el clima que reinara alrededor. La televisión le daba mucho susto, en especial por el manejo de su imagen. No le gustaba verse reflejado en una pantalla que no dominaba y menos hablar con periodistas. Curiosamente, el mago de la entrevista le tenía pánico a las entrevistas.

Yo le había propuesto que hiciéramos una pieza periodística que agrupara sus pensamientos del oficio, de política, del país; tantas cosas que se podían transformar en una especie de testamento visual. Él lo pensó un tiempo, después me llamó y aceptó la oferta.

—Sabes que sí– dijo–. A mí no me gusta la televisión, no me gusta dar entrevistas, porque la televisión es falsa… Se edita todo, es truculenta, te sacan lo que les da la gana, te pegan un pedazo que iba al principio y lo pegan al final, trastoca todo el sentido de lo que yo hubiera querido decir. No es un problema tuyo, es del instrumento, de la naturaleza y de los editores y como también hay una parte comercial, entonces da uno una entrevista de una hora y finalmente te sacan cinco minutos.

Para contrarrestar su desconfianza, puso condiciones: a las cinco de la tarde en la casa de huéspedes ilustres de la Presidencia de la República, en el momento en que estaba al mando César Gaviria. La responsabilidad de esa casona recaía en la primera dama, doña Ana Milena, así que Gabo la llamó y le contó su propósito:

≈ Amor maternal ≈

"Mi madre es la persona que más me respeta, la mujer a quien llamo por teléfono todos los domingos y toda la vida desde que pude hacerlo y lo hice siempre a las doce del día de la hora de Cartagena, desde que pude hacerlo, es decir, unos 22 o 23 años. Y el único domingo que no pude hacerlo fue desde Vietnam, fue absolutamente imposible la comunicación y quedé con una gran preocupación, con la impresión de que había roto una tradición que era muy importante. Fue casi un acto de impotencia".

— *GGM*

"Quiero dar una entrevista en esa casa, al lado de la playa, que se vea el mar, y que la gente vea que la entrevista empieza a las cinco de la tarde y que se va oscureciendo y que termine en la madrugada, con el amanecer".

Como Gabo quería abarcar muchos temas, me pidió una preparación exhaustiva sobre su vida y, en especial, sobre su obra literaria, que en 1991 acumulaba varios títulos célebres. Nunca había leído tanto sobre García Márquez. Consulté decenas de libros, hablé con unas treinta personas, me llevé un mamotreto de preguntas, unas cuatrocientas, para no defraudar la generosidad de un amigo.

Hablé con el canal Caracol y les conté la exclusiva del nobel. Se concluyó que habría un primer avance de una hora y el resto del material se guardaría en una caja fuerte para difundirlo cuando el maestro quisiera. Lo que se programó como un evento milimétrico de alto impacto, a la hora de llevarlo a cabo se esfumó en obstáculos, el mismo día de la producción.

Apenas llegué a Cartagena, en horas de la mañana, el canal había enviado unas cámaras que estaban en Barranquilla y no a un equipo de producción de primera categoría, como los que acostumbraban salir en mis programas. ¿Por qué? Aún hoy no entiendo.

Además del equipo de luminotécnicos poco calificado, estábamos en la época del apagón y aunque la casa de huéspedes ilustres tenía su propia planta silente que era lejana, la autorización de la entrevista fue denegada. A las doce del día el escritor reveló las malas noticias:

—¡Se jodió esta vaina!

—¿Qué pasó?

—Me acaba de llamar Ana Milena a decirme que la casa militar de Palacio había negado el permiso por razones de seguridad.

Al mismo tiempo que explicábamos el número de camarógrafos, luminotécnicos, sonidistas, auxiliares, los de seguridad dijeron que no había la más mínima posibilidad después de las cinco de la tarde hasta la madrugada del día siguiente. "Nosotros no estamos en capacidad de controlar cualquier eventualidad", afirmaron.

En ese momento, Gabo buscó la deserción del proyecto:

—Darío, no vamos a hacer la entrevista...

—Mira Gabo, yo ya traje veinte personas, excúsame, esta entrevista hay que hacerla, esto ya está casi que promocionado o sea, yo voy a quedar como un zapato, es que no puede ser, hagámosla en otro sitio.

—¿En dónde coño la vamos a hacer?— me replicó.

Analizamos varias alternativas hasta que él propuso que la realizáramos en la casa Museo Rafael Núñez, en la misma ciudad amurallada. Lo malo es que ese lugar no tenía una planta

El escritor se congelaba de los nervios, sin importar el clima que reinara alrededor.

Gabo

Amistad

Arizmendi

eléctrica y, a esas alturas del día, conseguir una era casi imposible. Al final logramos tener una planta vieja de más de veinticinco kilovatios que soportaba la iluminación, pero cuando la instalamos sonaba muy fuerte, a una cuadra de distancia del lugar.

Por más enfado que tuviera por el ruido, al final Gabo lo ignoró. Se prendieron las luces y a los quince minutos me hizo parar.

—¿Tú crees que yo voy a seguir, que voy a ser capaz de seguir hablando contigo de todo lo que tenemos que hablar sin tomarme un whisky?

—No faltaría más, ¿quieres que pidamos?

—Por supuesto, pídete un litro.

Pedimos una botella de Sello Negro, por lo que el resto de la entrevista se hizo al calor de unos tragos. Con esto, calmó sus temores y bajó la temperatura de su enojo. La entrevista que estaba prevista para que durara varias horas terminó con el escritor completamente agotado. Tres horas de un recorrido narrativo hasta que se levantó y frenó todo en seco.

—¡Coño, yo no trabajo para el canal Caracol, ya está!

Se apagaron las cámaras para siempre. Llegamos a Bogotá, nos fuimos a cenar y al día siguiente solicitó presenciar la etapa de edición. "No me acuerdo qué fue lo que hablamos, ni qué fue lo que dije, ni nada", dijo antes de ir al estudio a cortar y validar varios pasajes de sus dichos. Al final del ejercicio sostuvo que era la última entrevista que concedía en cualquier televisión del mundo. La razón: en cada uno de sus actos era extremadamente cuidadoso de su imagen. No había una sola expresión, una sola afirmación, que quedara suelta para él, y la televisión le hacía perder esa seguridad en sus palabras, siempre certeras. Fue un acto para proteger su imagen, algo que cuidaba como un tesoro.

Así fue su última entrevista en un medio televisivo.

Darío Arizmendi: ¿Le teme tanto a las entrevistas?

Gabriel García Márquez: Bueno, primero que todo no le aseguro que esta sea de larga duración. En segundo término, sí es cierto que le tengo mucho miedo a la entrevista porque es algo que me viene desde la escuela, cuando tenía que presen-

⇒ Creación artística ⇐

"Tengo el propósito de descubrir cuál es el mecanismo de la creación artística, cómo es posible que una persona consagre toda su vida y sea inclusive capaz de morir por hacer algo que al fin y al cabo en sano rigor no sirve para nada".

— *GGM*

tar exámenes. La única diferencia entre aquella y esto es que en aquel momento el único asustado era yo y ahora son ustedes también, lo cual es una buena compañía.

Pero, ¿por qué le asusta si usted es un periodista, amante del cine y ha practicado todos los géneros periodísticos?
Pues el mismo miedo que le tienen los médicos a las operaciones quirúrgicas o los dentistas a sacar una muela, pero principalmente, y ya hablando un poco más en serio, yo creo que tengo una imagen pública; esa imagen pública me ha costado muchísimo trabajo, han sido más de 40 años poniendo una letra. Cada vez que me veo en televisión pienso que es otra persona la que está ahí y la prueba es que hace poco cuando pasaron una entrevista de televisión mi médico de Bogotá me llamo para decirme: "Cuide la sal porque está reteniendo líquidos", y después estudiamos y vimos que simplemente era un problema de iluminación.

¿Para usted qué es la timidez?
No saber qué hacer con las manos.

⇒ El miedo a escribir ⇒

"El temor es la fuerza más extraordinaria que hay en la vida, todos los días está el terror de que no se va a poder seguir, de que no va salir, entonces llego al estudio y cuando la cosa está muy dura copio todo lo de los días anteriores con el objeto de calentar el brazo o calentar el motor".

— GGM

Pero escribe muy bien con ellas…

Pero con la punta de los dedos, que es completamente distinto.

Hablemos un poco de su infancia; usted menciona que ese temor seguramente viene desde niño, ¿cómo fue su infancia? ¿Qué es lo que recuerda gratamente de ella?

Yo creo que viví una infancia feliz, no tuve problemas de ninguna clase. Todo estaba completamente resuelto y, además, estaba viviendo en una enorme casa rodeado de mujeres, que es lo que siempre me ha gustado. Yo me siento feliz entre las mujeres, que me dan seguridad, buena suerte, y en la infancia estaba rodeado de ellas, que se encargaban de resolverme todo, incluso me bañaban, cosa que no he logrado después de adulto.

Usted menciona las mujeres, ¿su abuela qué recuerdo le trae?

Primero: era una mujer muy bella y segundo, creo que es la persona que hablaba el castellano más expresivo que yo recuerde en toda mi vida. De ella lo aprendí y todavía cuando estoy escribiendo me acuerdo de palabras que ella usaba, las pongo, porque yo primero coloco las palabras y luego consulto el diccionario para saber si la palabra está en el diccionario, no porque sea correcta o no lo sea; y en muy pocas ocasiones he encontrado una palabra que no estuviera en el diccionario, casi siempre un arcaísmo.

¿La palabra de ella que más recuerda, que más le agrada?
Mampolón.

¿Y qué significa?
No está en el diccionario, una persona completamente inútil, un hombre que no servía para nada, decía que era un mampolón.

¿A usted se lo dijo alguna vez?
Nunca se hubiera atrevido. Es la persona que más me respetaba en este mundo, siempre me trató con un gran respeto, después de ella mi mamá.

¿Quién es su madre para usted?
La persona que más me respeta, la mujer a quien llamo por teléfono todos los domingos y toda la vida desde que pude hacerlo y lo hice siempre a las doce del día de la hora de Cartagena, desde que pude hacerlo, es decir, unos 22 o 23 años. Y el único domingo que no pude hacerlo fue desde Vietnam, fue absolutamente imposible la comunicación y quedé con una gran preocupación, con la impresión que había roto una tradición que era muy importante. Fue casi un acto de impotencia.

Cuando usted no la podía llamar por teléfono, ¿le escribía cartas de amor?
No, las últimas cartas que le escribí a mi mamá se las escribí desde el internado en Zipaquirá. Eso fue en el liceo de Zipaquirá, y eso fue la última vez en 1948 y probablemente una o dos veces de la universidad allá, en Bogotá. Y son cartas informativas de la vida, de lo que se hacía y para mí fueron muy importantes y lástima que se hayan perdido porque en el correo siguiente ella me las devolvía con la ortografía corregida.

Periodismo
Cercanía
Gabo

Amigos   Arizmendi   Cómplices

Usted menciona mucho a su abuela, menciona a su madre pero de su padre habla poco. ¿Qué sintió cuando recibió la noticia de su muerte?

Primero te cuento antes de su muerte, él decía que yo me consideraba de esos pollos que son hijos de Purina, que tienen mamá pero no tienen papá, porque yo siempre hablaba de mi madre y nunca hablaba de él. Cuando me fui a vivir con mi padre y mi madre, que fue a los 8 años y cuando murió mi abuelo, entonces yo le tenía mucho miedo, casi como al maestro. Lo que sucede es que él tenía un sentido de la autoridad que yo nunca logré comprender. Sufrí mucho con una falsa apreciación del modo de ser de él conmigo. Entonces desde el primer momento, y creo que lo conseguí, ser un buen camarada de mis hijos, siempre ellos han tenido una gran confianza conmigo y yo la he tenido con ellos y digo y he dicho siempre y lo digo ahora que creo que lo más importante que yo he hecho en la vida no son mis libros, sino mis hijos.

Usted con su padre tenía una relación muy especial, ¿él logró captar y comprender sus actitudes literarias y sus condiciones de escritor?

Yo creo que las comprendió, pero se resistió mucho a aceptarlas por una razón muy importante: por razones prácticas, él siempre pensó que debía tener una profesión utilitaria al lado de la de escritor.

Usted se hace periodista y finalmente todos conocemos su trayectoria, gana el Premio Nobel, ¿cómo reaccionó frente a una carrera tan exitosa y tan brillante?

Él siempre reaccionó muy bien con lo que yo escribía, pero yo quiero decir más bien que él tenía un orgullo secreto, un orgullo que ocultaba porque siempre tenía el temor de que yo no iba a tener de qué vivir. Alguna vez me dijo: "Comerás papel", y él siempre lo negó después, pero además porque muchas personas lo han entendido como una cosa ofensiva y a mí me parece una réplica de diálogo estupendo de mi padre.

¿Pero se ufanaba mucho de que de alguna manera él inspiró **El Amor en los tiempos del cólera?**

Es una historia muy linda porque los amores de mi padre y mi madre son exactamente iguales, los amores de juventud de Florentino Ariza y de Fermina

Daza. Desde el momento en que ellos se ven, el telegrafista que toca el violín, que lo toca en la iglesia, que se enamora de la chica bonita, que va a la escuela, es literalmente no solo la historia de ellos que yo logré reconstruir hasta estar seguro de que era así, sino que ellos me contaban. Y cuando estaba escribiendo *El amor en los tiempos del cólera*, la escribí acá en Cartagena, trabajaba toda la mañana y en la tarde me daba una vuelta por el portal de los dulces a oír frases, a oír palabras, salía a buscar dónde vivían los personajes, trabajando como si fuera para hacer una película, es decir, yo sabía dónde vivía Florentino Ariza, dónde vivía Fermina Daza, dónde es la iglesia, dónde él iba a tocar el violín: toda la geografía de la novela es auténtica, aunque en algunos casos he cambiado el nombre, como el nombre de la Calle de las Ventanas que no es el nombre sino más bien la Calle del Santísimo; hay una hilera de ventanas que se ven tan bien que yo preferí que se llamara la Calle de las Ventanas en la novela. Bueno, terminaba en la casa de mis padres por las tardes interrogándolos sobre esos amores, primero a mi padre y otras veces a mi madre, separados, porque juntos era muy difícil obtener la verdadera información. Él nunca supo qué novela estaba haciendo yo, y él siempre me decía que iba a escribir una novela, que iba ser mejor que las mías y aquí hay un episodio que yo no olvido y que me gusta mucho recordar: un día yo lo llamé por teléfono cuando estaba escribiendo y le dije: "Mira, cuando el telegrafista hace una conexión de varias oficinas de telégrafos para transmitir un mensaje pasando por todos, ¿cómo se llama esa operación?"; y me dijo: "enclavijar", y yo puse enclavijar, palabra que no he visto nunca en la vida. Y un poco antes de morir un periodista le hace una entrevista que no se publicó y, después de que murió, la publicaron a los dos días y él contaba este episodio. Mi padre le dijo al periodista "cuando él me llamó y me preguntó cómo se decía esto y yo le dije enclavijar y en ese momento supe qué novela estaba escribiendo entonces decidí que yo no escribiría la mía". Me quedó un recuerdo extraordinario de él dos días después de su muerte.

"Los nietos son de Mercedes, ellos son sobrinos míos, los hombres coquetos no tenemos nietos".

Usted es un buen hijo, ¿es un buen padre?

Lo primero debería preguntárselo a mi madre y lo segundo a mis hijos.

Y usted es un buen abuelo, eso no lo podrían contestar los nietos.

Los nietos son de Mercedes, ellos son sobrinos míos, los hombres coquetos no tenemos nietos.

Gabo sin corbata   Celebración   Arizmendi

México

Pero quiénes lo conocemos, hemos visto que ha cambiado desde que se volvió tío…

Bueno, porque da la casualidad que me volví tío a la edad en la que uno empieza a cambiar, es curioso que uno empezaba a ser ya un verdadero abuelo hasta hace seis meses que regresé a Colombia, se me han despertado unos ánimos juveniles que no recordaba que tenía.

¿Como cuáles por ejemplo?

El de hacer muchísimas cosas al mismo tiempo, el querer hacer todo y el creer que todo lo estoy haciendo bien.

¿En este momento a qué se dedica, ya que está en Colombia otra vez?

Estoy terminando una novela. En el plan de trabajo que yo hago sé exactamente qué días faltan. Cuando llegué aquí en diciembre me hacían falta unos 60 días y me he puesto a hacer tantas cosas que dejé de trabajar, no digo perdido, dejé de trabajar por lo menos cuatro de esos seis meses y tomé la decisión a toda costa de encerrarme todas las mañanas a escribir porque después le iba a echar la culpa a Colombia.

Bueno, vamos por partes Gabo, en primer lugar está terminando una novela de 120 páginas.

Para lo cual me toca consultar 120 libros, lo cual me parece injusto.

¿La novela es de amor?

Todas mis novelas son de amor, por más que lo disimule, todas son de amor.

La vida del escritor

¿Usted es un hombre de temores?

El temor es la fuerza más extraordinaria que hay en la vida, todos los días está el terror de que no se va a poder seguir, de que no va salir, entonces llego al estudio y cuando la cosa está muy dura copio todo lo de los días anteriores con el objeto de calentar el brazo o calentar el motor. Pero hacia las 11 o 12 del día con absoluta seguridad, si no me han interrumpido, si no ha sucedido algo realmente grave, estoy navegando ya en el tema y en ese momento soy absolutamente feliz, solo por tener esas dos horas de absoluta felicidad. La palabra inspiración quedó como una veleidad de los románticos que hablaban de que había una especie de destape, eso de que te hablaba yo hace un momento de que uno le va dando hasta que queda flotando en un estado de absoluta felicidad, eso es lo que yo llamo inspiración, es lo que llamo compenetración con el tema. Es una identificación total con el tema que se está trabajando y *Cien años de soledad* fue así constantemente. Yo recuerdo que estuve 18 meses escribiendo todos los días, pero en un estado de gracia, en un estado de alucinación. Pero de esos 18 meses salí muy poco a la calle y de esas pocas veces que salí a la calle durante por lo menos 3 meses no salí al patio de la casa, sino que era totalmente tragado por el trabajo que estaba haciendo. Para un escritor esa es la mayor felicidad.

¿Cómo te inspiras?

Eso no se puede provocar, ¿cómo se concibe una novela? Eso es algo que estoy tratando de averiguar en los talleres de guion que hago en la escuela de cine de San Antonio de los Baños en Cuba, tengo el propósito de descubrir cuál es el mecanismo de la creación artística, cómo es posible que una persona consagre toda su vida y sea inclusive capaz de morir por hacer algo que al fin y al cabo en sano rigor no sirve para nada.

Pero si pudieras empezar nuevamente, ¿harías cine o harías literatura?

"Si yo volviera a nacer haría lo mismo, salvo una cosa: no me iría de Colombia tanto tiempo".

Si yo volviera a nacer haría exactamente lo mismo, salvo una cosa: no me iría de Colombia tanto tiempo.

¿Esa es una frustración que tienes?

Al mismo tiempo tengo el temor y nunca lo sabré de que tal vez si no me hubiera

La magia del poder

"No me he ido nunca de Colombia y he escrito novelas colombianas fuera de Colombia y no he escrito sino novelas colombianas en cualquier parte del mundo en que esté. He vivido 30 años en México, mis amigos mexicanos se quejan de que llevo viviendo 30 años en México y no hay una línea mexicana en mis novelas".

— *GGM*

ido tanto tiempo y no hubiera logrado la perspectiva que había logrado desde afuera tal vez no sería el mismo, siempre he pensado que si me hubiera quedado de juez municipal de Aracataca no habría hecho nada de nada, pero soy completamente feliz.

¿En este momento ha venido para quedarse para siempre como se lo han preguntado tantas veces o usted nunca se ha ido, ya usted no es de ninguna parte?
Lo que me preguntan es que si me voy a quedar definitivamente y yo respondí: no voy a quedarme definitivamente ni en el cementerio, lo que me quedaré es indefinidamente. Hay una gran diferencia entre indefinidamente y definitivamente. Indefinidamente quiere decir que no sé cuándo me voy, ahora lo que pasa de verdad es que no me he ido nunca de Colombia y he escrito novelas colombianas fuera de Colombia y no he escrito sino novelas colombianas en cualquier parte del mundo en que esté. He vivido 30 años en México, mis amigos mexicanos se quejan de que llevo viviendo 30 años en México y no hay una línea mexicana en mis novelas. Ahora logré una

identificación por los mexicanos por otros motivos: que es una gente estupenda que se sabe reír, cosa que no es fácil, y una cosa de más importante; el lenguaje mexicano es de una riqueza expresiva extraordinaria, yo le digo a ellos que eso se debe a que se les olvidó el Nawa y nunca aprendieron el castellano y ante eso inventaron una lengua intermedia que es el mexicano; el mexicano que escribe Juan Rulfo por ejemplo que es de una gran expresividad y curiosamente me sirvió a mí para comprender mejor el castellano que a mí me interesaba para escribir. ¿Si me quedo? me lo están preguntando desde los mismos 30 años, que ni me quedo o no me quedo: estoy yendo y viniendo. Tengo el problema del avión y es que principalmente el problema ha sido del avión, el miedo y terror que le tengo al avión. Woody Allen, por ejemplo, me dice que le tiene el mismo terror al avión y encuentra una especie de alivio cuando encuentra a alguien que le teme al avión. No fue a recibir un Óscar a Los Ángeles por miedo al avión. Me preguntó, tratando de descubrir lo que dice la piedra filosofal, qué es lo que yo le temo al avión y le dije: "Que vuela", y se puso feliz.

¿Cómo es Gabriel García Márquez para García Márquez?

El hombre más bueno del mundo y creo que es lo que menos se sabe y sobre todo yo lo digo sin ningún pudor y no se considera un elogio. Cuando uno dice de un tipo es un hombre bueno lo que piensa inmediatamente es que es un gran pendejo.

¿Y la felicidad?

La felicidad es como la paz, fíjate; la felicidad no se tiene si no por momentos, y no se sabe que se tuvo hasta cuando ya pasó.

¿Eres egocéntrico?

Yo creo que no hubiera hecho lo que he hecho si no hubiera sido egocéntrico.

De todas tus cualidades, ¿cuál es la que más admiras y la que más quieres?

La tenacidad, la disciplina, la decisión de llegar a una cosa y lograrlo y lograr absolutamente todas las cosas que quise y las que no he logrado es porque no las quise; y lo que no tengo es porque no lo quise, porque solamente quise ser como soy, desgraciadamente en eso va incluido mi mayor defecto que es mi optimismo irracional.

¿Te consideras vanidoso?

No tanto como podría, fíjate, y eso me recuerda una historia y era el tipo que decía "yo tengo un solo defecto": que era muy presumido pero ya me curé, ahora soy perfecto.

¿De dónde viene el gusto por la ropa, por vestirse bien?

Yo te diría que forma parte de los mismos motivos por los cuales yo escribo, creo que forma parte de la buena educación y de estar bien.

¿Te consideras elegante?

Si me considerara elegante no me preocuparía la ropa.

¿En qué momento eliges ponerte corbata?

Yo a la corbata no le encuentro sentido, además es muy difícil encontrar corbatas bonitas, no me explico cómo hacen los corbateros para tener tantos diseñadores de corbatas feas, que son miles y miles y miles y entre esos uno encuentra una corbata bonita, pero me gusta como objeto bonito y las voy coleccionando así como colecciono relojes, pero no me gusta ponérmelas porque no le encuentro ningún sentido, me la pongo siempre que puede aparecer arrogante no llevar la corbata.

> "La manía que tenemos los colombianos de hablar por teléfono no se ve en ninguna otra parte".

A propósito, ¿por qué te pusiste liqui liqui sabiendo que no es un traje típico colombiano sino del caribe?

La opción era el *smoking*, el frac, que no es típicamente colombiano, y entonces escogí uno más o menos típicamente colombiano y uno que definitivamente no era colombia-

Colombia

Información

Patria

Gabo

Amigos

no. Kawabata, el japonés, recibió el premio con su kimono; Rabindranath Tagore recibió el premio con su traje nacional indio; Soyinka, el africano, fue con su traje típico después de mí. Entonces no hay un traje nacional colombiano, pero sí hay un traje sobre todo que fue muy popular en el caribe, que los venezolanos llaman el liqui liqui, y que es lo que se llamó en el caribe la cotona. Es exactamente lo mismo, pero como en el Caribe hay calor, era de una tela más liviana, seda. A mí me sorprendió que eso hubiera sido origen de muchos comentarios precipitados como tantos otros; que eso no era un traje colombiano, es como si la costa no fuera colombiana.

¿A usted le gusta el poder?
El que tengo que es el de ser complacido por mis amigos.

¿Qué es lo que más le hace falta de Colombia cuando está en el exterior?
Realmente la conversadera, esa manía de conversación que tenemos los colombianos, por teléfono, personalmente; no se vuelve a encontrar por ninguna parte. Cuando llegué a España pensé que lo iba a encontrar, los españoles no conversan al grado que conversan los colombianos, a toda hora uno está conversando, desde por la mañana agarra el teléfono para conversar y sigue conversando y todos los teléfonos en Colombia están ocupados porque están conversando.

● ● ●

GABO
2
íntimo

De izquierda a derecha:
Alejandro Obregón, Mercedes
Barcha, Claudina "La
Eréndida", Gabriel García
Márquez, Danilo Cornelín, Darío
Arizmendi y Patricia Lara.

"Lo único que tengo claro es que mis libros los vendo desde la máquina de escribir. Soy yo, y no mis editores, ni los lanzamientos publicitarios que me hacen, quien resuelve los problemas que plantea cada novela, cada cuento".

Cuando Gabo era pobre

Periódico El Mundo, *29 de octubre de 1982*

"Fue una época difícil pero maravillosa. Gracias a México encontré *Cien años de soledad*", rememora Gabo al hablar de la década de los sesenta.

En Nueva York, Gabo trabajaba como periodista de la agencia Prensa Latina de Cuba. Con la radicalización de la revolución tuvo problemas y roces con varios directivos de La Habana y con burócratas profesionales que querían imponer su criterio en la empresa informativa.

Entonces se retiró.

—¿Por qué escogiste a México?

—Quería incursionar en el cine (estudió para director en Italia), tenía varios amigos y varias direcciones.

Entonces empezó su drama en la nación azteca, la misma que 21 años después lo distinguió con la máxima condecoración que su gobierno otorga a personalidades extranjeras: el gran Cordón del Águila Azteca, el cual le fue entregado en una ceremonia en el Palacio de los Pinos con la asistencia del presidente López Portillo.

"Salí desde muy temprano todos los días a rebuscar un empleo". Acudió a los periódicos, y nada. Acudió a la televisión, y nada. A todo tipo de empresas, y nada.

> "Hijo, mañana habrá leche, te lo juro. Hoy no hemos podido. No pienses que tienes hambre. Duérmete tranquilo. Sueña que mañana tomarás mucha leche".

—Fue una época de pobreza dolorosa. Hasta el extremo, tanto que una noche llegué a casa y Mercedes me dijo: "Gabriel, no he podido darle leche a Rodrigo. No tuve con qué".

Gabo contuvo su angustia y sentó a su niño. Le habló como si él entendiera. Como si se tratara de un hombre grande: "Hijo, mañana habrá leche, te lo juro. Hoy no hemos podido. No pienses que tienes hambre. Duérmete tranquilo. Sueña que

Arizmendi — Gabo
Bogotá — 1965

mañana tomarás mucha leche". Y Rodrigo se durmió tranquilo. No lloró en toda la noche. Le entendió.

Al día siguiente, Gabo se levantó desesperado y, por intermedio de un amigo, logró entrevistarse con el dueño de una editorial, el mismo que hoy ocupa una destacada posición en la industria del cine mexicano.

—Me presenté de cachaco y de corbata—. Solo que tres cuadras antes de llegar al lugar de la cita (el hotel Presidente, donde 21 años después celebraría en la intimidad y en una suite, el Premio Nobel de Literatura) se le desprendió la suela. Fue terrible, hice hasta lo imposible por remediarlo, por amarrar esa lengüeta. No hubo caso y me tocó caminar lentamente, sin que se notara mucho—.

Se trataba de trabajar en dos revistas, la una era fotonovelas, de color subido, y la otra de bordados. Gabo le hizo un análisis de las publicaciones al empresario,

⇒ La niñez ⇐

El niño se quedó en Aracataca con los abuelos, mientras los padres regresaban a Riohacha. La niña bonita y el telegrafista tuvieron siete hijos varones y cinco mujeres. Luego se fueron a vivir a Barranquilla donde Gabriel Eligio abrió una farmacia, luego en Sucre, donde abrió otra farmacia y finalmente la familia se instaló en Cartagena, donde viven aún.

La gran bonanza del banano había pasado cuando Gabriel José comenzó a gatear, a andar, a hablar; la realidad presente era un limo de miseria, de sordidez y de rutina. Pero la realidad extinta estaba viva aún en la memoria de la gente del lugar. A falta de algo mejor, Aracataca vivía de mitos, de fantasmas, de soledad, de nostalgia. Casi toda la obra de García Márquez está elaborada con esos materiales que fueron alimento de su infancia.

y este quedó impresionado de sus conocimientos y de su inteligencia. "Queda contratado, ¿puede empezar ya?". Gabo le dijo que no, que tenía otra cita para otro empleo en otra editorial (embustes) y que por la tarde de ese mismo día tomaría la decisión que más le conviniera. El señor por poco le aumenta el sueldo, no quería soltarlo. Pero el joven y desesperado escritor de Aracataca se empeñó en la otra imaginaria entrevista.

Al día siguiente se presentó a la editorial. "Acepto su empleo con dos condiciones: no escribo nada, no firmo nada, no aparezco en ninguna página de las revistas. Y la segunda: yo lo llamaré señor Gustavo y usted me llamará siempre señor Gabriel".

Veintiún años después, en cocteles, en reuniones diversas, Gabo y Gustavo se encontraban, se saludaban cordialmente. Pero él le dijo: "Buenas tardes señor Gustavo", y el señor Gustavo le contestó: "Buenas tardes señor Gabriel".

Rápidamente encontró un empleo complementario, en Radio Universidad de México. El director le adjudicó un espacio y le dijo que le pagaría ciento cincuenta pesos mexicanos (mucha plata en ese entonces) por cada programa de una hora. Gabo aceptó complacido y decidió hacer un espacio sobre historia de la literatura colombiana.

—Al poco tiempo supe que era muy bueno porque el director de la emisora me comentó que habían llamado de la embajada de Colombia a quejarse y a decir que esa no era la realidad de la literatura de mi país. Fíjate si no iba yo a saber de eso…

Se salvó de milagro *Cien años de soledad*

Periódico El Mundo, *30 de octubre de 1982*

La vida de Gabo está llena de anécdotas simpáticas, curiosas, profundamente humanas. Una de las más extraordinarias tiene que ver precisamente con *Cien años de soledad*. Gabo se consiguió una secretaria de bastante edad que le pasaba en limpio capítulo por capítulo, pues debía enviar originales impecables a la editorial argentina que presumiblemente estaba interesada en la obra. La señora en cuestión

Primera página de la crónica publicada por el autor y enviada desde México, 1982.

no solo tenía el privilegio de leer la maravillosa novela, sino que tenía el atrevimiento de corregírsela ("varias veces tuve que pelearme con ella porque pretendía cambiarme palabras"). No solamente estaba al tanto de la verdadera trama (mientras el poeta Mutis se ufanaba equivocadamente de ser el único), sino que un día se llegó a compenetrar tanto con la obra que no se aguantó la gana de saber cómo concluiría uno de los fantásticos episodios, y llamó al maestro y le preguntó:

—Dígame no más, perdóneme, ¿sí se la tira?

En otra oportunidad la señora se llevó a su casa toda la novela. Gabo la había revisado y ella tenía que hacerle las enmendaduras y correcciones correspondientes. Guardaba cerca de 500 páginas en un sobre. Al bajarse del autobús, este arrancó deprisa y tumbó a la señora; los originales de *Cien años de soledad* quedaron esparcidos cien metros a la redonda. Por poco se pierden algunas páginas. El susto…

Todo el mundo sabe, igualmente, que cuando Gabo acabó de escribirla y de corregirla, él y Mercedes fueron al correo para enviarla a Buenos Aires. Pero ya la pobreza era suma. Solo tenían 50 pesos en la cartera y el envío del paquete costaba 80. Lo partieron en dos y pusieron 45 pesos de *Cien años de soledad* al correo. Lo que poco se conoce es que por error enviaron primero la segunda parte, y el editor al recibirla no entendió nada y por poco se volvió loco. Con razón. Lo que poco se conoce es que si esos originales no hubieran llegado a su destino la humanidad se hubiera privado de la realidad fantástica de *Cien años de soledad*. No había ninguna copia ("¿Con qué plata?", comenta jocosamente. "A duras penas tuve para comprar papel…").

Para enviar el segundo paquete al correo, Mercedes tuvo que empeñar en el Monte Pío su secadora de pelo, ya no había más enseres, todos estaban entregados en una prendería. Fue entonces cuando la "Gaba" dijo su célebre frase que ha dado la vuelta al mundo: "Ahora no falta sino que esta puta novela salga mala".

Pero fue la apoteosis, el comienzo de la gloria, un largo trajinar por la fama y, quince años después, el Nobel de Literatura.

La casa de dos pisos

Periódico El Mundo, *30 de octubre de 1982*

Hace varios días Gabriel García Márquez y su esposa Mercedes volvieron a Lomas 19, en el modesto barrio de San Angelino, Ciudad de México. Allí, en una casa blanca de dos pisos, con antejardín, y en el antejardín un caucho sembrado por ellos en mil novecientos sesenta y pico, el Premio Nobel de Literatura escribió durante 18 meses una de sus novelas más famosas: *Cien años de soledad*.

—¿Qué recuerdos te trae esa casa?

—Tantos que hace unos meses llamé a su propietario, el licenciado mexicano Luis Condurier, y le propuse compra.

Gabo, por encima de muchísimas consideraciones, es sentimental, romántico.

–¿Y por qué no se hizo el negocio?

–Por un solo detalle: no me la quiso vender. "En esa residencia se escribió *Cien años de soledad* y un día será museo", fue su respuesta.

Mientras tanto en Aracataca, Bolívar, el actual propietario de la casa donde nació Gabo un 5 de marzo de 1928 (él dice que cree que fue un 27 o 28 de marzo) la está restaurando. El pueblo está solicitando que se le declare monumento nacional.

En Bogotá, algunas personas amigas del escritor, entre ellas el propio presidente Betancur, tienen en mente hacer el Museo Gabriel García Márquez.

–¿Tú qué opinas de todo eso?

–Mira, yo no me he muerto todavía. Si lo que quieren es matarme, que hagan el museo y todas esas vainas. ¿Cuándo se había visto que a uno le hacen un museo en vida?, coño, ni en Macondo…

Actualmente en Lomas 19 viven Jaime García ("te lo dije que el destino de esa casa era para un García") y su señora Laura Condurier, y tres pequeños hijos.

En la primera planta de la casa, y traspasando el jardín, están la cocina, el comedor rectangular, la sala rectangular y el pequeño estudio, también rectangular. Este sirvió para que Gabo se encerrara todos los días durante año y medio a escribir la novela que lo arrastraría a éxito internacional y posteriormente al Premio Nobel de Literatura.

–¿Crees en la inspiración?

–Hombre… y en la realidad. En nuestros países esta muchas veces supera la ficción, te lo garantizo…

–¿Qué es lo que más te molesta del éxito?

–Que me exploten, que me pongan como anzuelo.

El diálogo tiene lugar en su despacho, una oficina de ocho metros de largo por cuatro de ancho. Perfectamente rectangular, impecablemente dispuesta y decorada, como todos los ambientes que habita.

> "Mira, yo no me he muerto todavía. Si lo que quieren es matarme, que hagan el museo y todas esas vainas".

Hombre pensativo

**Era un risueño triste. Cuando estaba emparran-
dado, su estampa cambiaba por completo al son
de vallenatos y la gente que le gustaba. Él las llamaba parrandas, pero en el resto del tiempo era
un hombre bastante pensativo, casi de mirada
lejana y triste. Había que respetar esos silencios
y esas distancias que establecía.**

El cuadro de Obregón

Periódico El Mundo, *26 de octubre de 1982*

Su actual casa está ubicada en un elegante barrio residencial de la capital mexicana. Los nombres de las calles son bellos y sofisticados: del agua, Manantial, Riscos. ¡Y Fuego! Ahí vive. Una residencia de dos plantas. El portón inmenso y de madera tallada. La sala parece tamaño familiar: dos ambientes totalmente
diferentes pero integrados. Y matas. Y rosas amarillas. Y cuadros, muchas obras
de arte. La piedra labrada domina la primera mitad de los sobrios muros blancos,
a los cuales les quedan muy pocos espacios.

—Mira, este es el mejor cuadro de Obregón. Es tan bueno que un día los
hijos del pintor se lo empezaron a disputar, todos lo querían. Entonces Obregón,
para evitar discusiones y peleas, para no agraviar a nadie, para no anticiparles su
herencia, fue por un revólver, y le pegó cinco tiros.

"Uno de ellos perforó su ojo izquierdo, el mismo que reparó cinco días antes del Nobel de Literatura. Entonces Obregón me lo regaló a mí, su amigo de

toda la vida. Fue lo único que me traje de Colombia aquel día de marzo cuando tuve que exiliarme en la embajada de México porque tenía informaciones serias de que las Fuerzas Armadas, con la autorización y complicidad del presidente Turbay Ayala, me iban a echar mano. Pero dejémonos de vainas y hablemos de cosas más importantes…".

Y entonces cambia de plano, como en sus novelas. Vuelve a celebrar la ya mundialmente anécdota de Alejandro Obregón, pero le agrega varios ingredientes nuevos. Cuando Obregón entró a la casa de Gabo el día del Nobel y vio un ejército de rosas amarillas y de guayabas maduras, no resistió la tentación de mirar su autorretrato, ubicado en el marco de la plaza de la sala y contó: "Este es el Blas de Leso, el teso, quien tenía ocho cojones y después de cinco disparos solo siete cojones le quedaron".

Y Gabo ríe y ríe, con emoción. Con la misma emoción que sintió al recibir la noticia del Nobel. Con la misma emoción que sintió al recibir el Águila Azteca. Con la misma emoción que sintió la noche del jueves en la casa de Álvaro Mutis, cuando abrazó al maestro Obregón con tanta emoción, con tanta ternura, con tanta amistad, que su abrazo aún hoy —es verdad— se comenta en Aracataca.

El amigo Mutis

"Amis amigos los he ido conociendo a través de la vida, primero porque tienen una buena formación literaria; segundo porque tienen un muy buen criterio, pero tienen lo más importante de todo que es verdad, de verdad, me dicen lo que piensan así sea lo más doloroso. Es sabido que Álvaro Mutis es el primero, pero aparte con Álvaro es distinto, porque no solo es que lea los originales, sino que mientras estoy escribiendo el libro lo pongo a buscar bibliografía, lo llamo por teléfono, le pregunto cosas y a veces sucede otra cosa que es muy linda: yo tengo la superstición que cuando uno está escribiendo una novela, esta no se debe contar, porque se sala, pero tengo que desahogarme de alguna manera con los amigos como Álvaro y otros muchos".

⚍ La llegada de Pambelé ⚍

Otra vez en Magangué, el pueblo en donde nació su mujer, y cuando ya era famoso y conocido como escritor y no solamente popular como periodista, llegó a casa de unos parientes. Alguien se percató y le contó a la emisora local, que echó al aire la noticia. Los desocupados del pueblo (todos) corrieron a tratar de verlo. Los directivos del colegio Gabriel García Márquez, de señoritas, dieron vacación el resto de la tarde, y la muchachada se dirigió a saludar a su paisano de quinto grado de consanguinidad. El tumulto fue tal que por poco tumban la puerta. Los dos policías del pueblo fueron insuficientes y también querían ver a su ídolo. Cuando Gabo salió y se montó en el vehículo que lo traería de regreso a Cartagena, una 'pelada' de 15 o 16 años al verlo exclamó sorprendida con sus compañeras: 'Mierda, este no es Pambelé...' ".

–Cuando me preguntan qué estás escribiendo ("porque descubrí una cosa, que mientras la escribo es cuando la cuento"), empiezo a encontrar fallos y a ver en la cara de la gente, aunque me digan que les gusta mucho, dónde hay que vigilar. Pues me invento una novela y voy corrigiendo la novela real. La primera gran experiencia que tuve con eso fue la de Álvaro Mutis, que cuando yo escribía *Cien años de soledad*, él estaba tan entusiasmado que se la contaba a todo el mundo y todo

1 9 8 2   G a b o   O f i c i n a   M é x i c o   O v e r o l   a z u l

el mundo entusiasmadísimo me contaba a mí lo que estaba contando Mutis. Me encontraba cosas que eran mejores de las que yo estaba haciendo y las incorporaba, pero cuando le pasé el primer borrador a Álvaro Mutis me llamó y me dijo:

—Usted es un sinvergüenza y me jodió.

—¿Y yo por qué?

—Porque esta novela no tiene nada que ver con la que me contaba y yo quedé muy mal con todo el mundo.

Los otros escritores

Gabo se llevaba muy bien con sus colegas, todos apreciaban su valor en lo poquito que habían leído antes de *Cien años de soledad*, llámese *La casa*, un libro casi del que nadie habla y que es el verdadero origen de su obra cumbre. No tuvo mérito alguno, y los que lo leyeron en dos o tres crónicas de *El Espectador*, pudieron comentarlo en el círculo de los cafés literarios de la época.

Fue ahí donde conoció a Plinio Apuleyo Mendoza y a otros de sus amigos, quienes empezaron a advertir que en él había un genio en potencia que le fascinaba la poesía, que tenía muy buena memoria y que era un loco. Justo en ese momento sale *La Hojarasca* y se gana un premio con el que sobrevivió un tiempo. Y ya después, cuando aparece *Cien años de soledad*, todos los autores de este continente, Vargas Llosa y Carlos Fuentes incluidos, aplaudieron su obra y lo llamaron colega. Lo respetaron. Ya sabemos que tiempo después la amistad con el laureado escritor peruano se empañó por un episodio no lo suficientemente aclarado por sus protagonistas en su momento, pero los otros escritores sí albergaban un aprecio casi único.

Neruda y El Quijote

—¿Por qué Neruda en una ocasión declaró que tú eras el mejor autor de habla castellana después de El Quijote?

—Fue en Manizales, en una festival de teatro. Cuando llegó, los periodistas le preguntaron su opinión sobre García Márquez y su novela *Cien años de soledad*. En ese instante Neruda no había leído la obra, aunque sí otras cosas mías. Pero para congraciarse con los reporteros les contestó: "*Cien años de soledad* es la mejor obra después de *El Quijote*". Esa misma noche le pidió a su mujer el texto de la obra, se la leyó de un tirón; en la madrugada la despertó y le dijo: "No tengo nada de qué arrepentirme, sí es la mejor novela después de Cervantes. No quito una coma ni un punto a mis declaraciones. ¿Cómo se te hace la belleza de cuento?".

Cartas urgentes

La actividad de Gabo es desconcertante, así como su capacidad de trabajo. Duerme tan solo seis horas diarias, pero profundas ("no me desvelo por nada, por ningún problema"). Desayuna café descafeinado con azúcar, algo de fruta y una tortilla mexicana (muy parecida a la arepa paisa).

Y se mueve alrededor del teléfono: es su mundo. Las cuentas son astronómicas, es el cliente número uno de la telefónica mexicana. Es cumplido en sus citas y compromisos: jamás llega tarde. No le gusta hacer esperar a la gente, y toma las precauciones debidas para que sea así. Hace citas con semanas y con meses de anticipación y todas las anota en una agenda. Tan pronto habla con su amigo el presidente de Francia, cuelga y recibe una llamada de Olof Palme, el primer ministro sueco. O de Melina Mercouri, la actriz y ministra griega de la Cultura. O de Fidel Castro. O de su hermano Eligio, o de Obregón… Son incontables sus amistades, todas muy diferentes y de muy distinto carácter.

> **Cuando se trata de tomar el pelo y de mamar gallo es el campeón.**

Domina el francés, el inglés y está informado de lo que acontece en los cuatro puntos cardinales. En su apartado aéreo no cabe ni la correspondencia, ni las revistas y libros que le llegan.

⪧ El primer párrafo ⪦

"El primer párrafo tiene que tener ya todo, eso lo he dicho mucho, es lo más difícil del libro, porque ahí se plantea todo el estilo, el tono, el ritmo, de manera que ese primer párrafo es siempre muy duro y sobre todo uno no tiene ningún punto de apoyo. Ese primer párrafo está totalmente en la nebulosa, uno lo saca de un magma y lo pone ahí, pero cuando está sobre eso puede empezar a colgar. El primer párrafo es terrible".

— *GGM*

—¿Qué haces con las cartas urgentes?

—Si no son de personas conocidas las pongo en un rincón del escritorio y las dejo cerradas un mes. Cuando este se cumple ya no son urgentes.

Gabo sabe de todo: de literatura, de historia, de geopolítica, de política colombiana, de arte. Y lo que ignora se lo averigua. Tiene una curiosidad endemoniada.

De temperamento alegre, es muy exigente consigo mismo y con los demás. Le gustan las cosas bien hechas. Palabras como seriedad, responsabilidad, disciplina se le salen con frecuencia, y es el primero en dar ejemplo de que son cualidades humanas que practica y las tiene perfectamente incorporadas.

Como conversador es inigualable. A veces se olvida de que está con otras personas y su lenguaje se vuelve novelesco, sus historias crecen y se desarrollan al igual que sus personajes. Se le puede escuchar durante horas enteras, durante días, durante meses, sin que se asomen la fatiga y el cansancio. Goza como un niño con las anécdotas propias o con las de los demás. Las relata con sabor, incluso les agrega ingredientes que las hacen más divertidas. Cuando se trata de trabajar no hay quien le gane. Es el número uno. Y cuando se trata de tomar el pelo y de mamar gallo es el campeón.

Gabo

México DF

Escritorio
de trabajo

Biblioteca

Rutina
Íntima

La música

El hijo de Aracataca era muy sensible a la música. A toda clase de música, dependiendo de los momentos. Por las mañanas normalmente oía clásicos, cuando conversaba con alguien. Cuando estaba de rumba le jalaba a los vallenatos y a la salsa (bailaba aunque fuera solo). La música romántica, y en especial los boleros, le hacía falta, y en esa época más: Gabo escribía en esa época una nueva novela, esa vez sobre el amor feliz.

Una noche, cuando estábamos en una animada tertulia, se paró de repente.

Puso una y otra vez el mismo bolero de Rocío Jurado, y una y otra vez la pista del último disco de Carmenza Duque, grabado hacía poco en México. Se tiró en un sofá, en silencio total, mirando pa'l techo. A los cuarenta minutos se acercó de nuevo al grupo. "¿De qué están hablando ahora?, ¿de mí para variar?", dijo. Y pidió un trago de whisky sin hielo.

—¿Bebes?

—Lo normal, dos o tres tragos diarios. Hace diez años no conozco un guayabo. Me hartan los borrachos. Para que no me cojan los tragos como previamente, le meto unos taquitos al hígado.

La rutina diaria

Era un hombre planillado, una especie rara entre sus colegas. Escribía como un obrero que se levantaba a las seis de la mañana, mientras ponía la radio con un informativo de la nación, leía un par de periódicos, desayunaba y a las nueve en punto estaba enfundado en un overol de color azul y se iba al estudio.

Como su habitación quedaba en el segundo piso, bajaba las escaleras y se organizaba en un gran cuarto. Allí estaba su biblioteca inmensa, toda clasificada gracias a una señora bibliotecóloga, que le ordenaba los libros por géneros. Tenía los ficheros de los autores. Su escritorio estaba lleno de papeles, con la máquina de escribir, el teléfono y una lámpara. Manejaba varios libros a la vez, papeles que eran sustento de unas investigaciones que se alargaban hasta la tarde.

Al final de la jornada se levantaba y daba una vuelta en el jardín que daba al patio interior de la casa. Fumaba algo (hasta que Mercedes lo obligó a dejar el cigarrillo) y descansaba un poco. No atendía a nadie, nadie lo podía interrumpir. Él escribía en la soledad de México, pero vivía en Colombia, pues cuando terminaba y almorzaba, cogía el teléfono y no paraba de llamar a sus contactos en Colombia.

Escribir sin guayabo

—La época en que estoy escribiendo un libro es la mejor. No siento dolores de ninguna clase y, además, trato de tener un régimen deportivo para estar todos los días en el mismo estado de ánimo con el libro. Uno de los cuidados importantes que tomo en este régimen deportivo es evitar el guayabo. Dormir mal o estar enguayabado lo hace despertar a uno como una persona distinta, entonces el que se sienta a escribir así no es el mismo que se sentó el día anterior. Entonces tengo mucho cuidado de no pasarme en el trago, en lo que como, en lo que produce el guayabo, que no es el trago sino con quien se bebe. Todos los días trato de despertar con el mismo estado de ánimo, cosa que no se consigue por completo.

—Cuando empiezo a escribir es muy difícil que no me dé flojera, uno anda siempre buscando pretextos para no escribir. Pero cuando uno ya tiene experiencia sabe cómo se derrotan esos pretextos, porque uno sabe que son pretextos y ya sabe cómo se manejan. Luego, cuando uno arranca de verdad y a las once de la mañana, doce del día, cuando se tiene el tema totalmente agarrado y uno escribe como si alguien se lo estuviera soplando, cuando le baja a uno el "espíritu santo", que creo que es lo que los románticos llamaban la inspiración, en realidad lo que sucede es que uno está totalmente compenetrado con su tema. Y lo domina de

⫸ El miedo a volar ⫷

"Woddy Allen también le tiene pánico a montar en avión por la misma razón. Porque yo no controlo el avión. En un avión me siento como en un ataúd, por la forma del avión, porque es lo que el piloto diga o lo que la naturaleza indique. Entonces, es la incertidumbre".

— *GGM*

tal manera que uno atiza el tema y el tema lo atiza a uno. En ese momento, es la felicidad absoluta. Desgraciadamente solo dura una fracción de segundo y ya después se vuelve consciente, pero hay un momento totalmente inconsciente, uno no sabe quién es el que escribe, el sufrimiento empieza después.

Gonzalo y Rodrigo

Periódico El Mundo, *26 de octubre de 1982*

En los días del Nobel, mucho se habló de la figura central de la familia García Barcha. Ya era hora de que escribiera sobre su esposa. Y era hora también que se conociera a sus dos hijos.

El mayor es Rodrigo. Alto, corpulento, de manos gruesas, de pelo abundante y ensortijado. De tez blanca y gafas claras, grandes como sus manos. Sus estudios superiores los cursó en la afamada Universidad de Harvard, con tesis y especialización en historia. Pero su goma y su vida está en la fotografía (Gabo estudió una época cine y dirección cinematográfica). Hace pocas semanas regresó a México y en la actualidad es el asistente de fotografía de La Eréndida, película sobre esta obra de Gabo que se empezó a rodar en San Luis de Potosí, y sobre la que el escritor de Aracataca, y hoy de toda la humanidad, hizo un diario. El otro diario de su preciosa Eréndida.

Por su parte, Gonzalo (el hijo menor) estudió en París. Flauta por vocación y artes gráficas por profesión.

—¿Son tus amigos?

Y Gabo no duda un instante, lo dice con su sonrisa característica, con su sencillez imperturbable, con fervor de padre: —Son mis cuates.

—Gabo, es Gonzalo, pasa rápido—, le dice Mercedes.

—Oye, ¿qué te habías hecho? Te he estado llamando y nunca estás en el apartamento, ¿qué clase de vida llevas? Ponte firmes que hablas con un nobel (risas, guiño de ojo).

—Padre (es el término que prefieren, muy mexicano por cierto), tu teléfono ha estado ocupado todo el tiempo. Me sorprendiste: esta mañana, cuando encendí el televisor, apareciste en la pantalla, en bata de baño ¡Qué feo y qué viejo te ves!

Gabo le replica con ternura y suavidad. Y mutuamente se "maman gallo". El nobel le relata la historia, los detalles y concluye: —Pero no te preocupes hijo, aquí no ha pasado nada. Un abrazo y un beso—. Cuelgan.

—¿Qué te enorgullece de tus hijos?

—Su independencia, su autonomía, su libertad, su personalidad. Es como si no llevaran nuestros apellidos encima. No les pesan. Les enorgullece pero ni los han indispuesto, ni les gusta decir que son hijos del escritor.

Fíjate que Rodrigo hizo en Harvard un curso de Literatura Contemporánea con un profesor muy calificado. El día del examen le correspondió hablar de mi gran amigo Carlos Fuentes. Y por esas casualidades de la vida, días después Fuentes se entrevistó con el profesor de Rodrigo y le preguntó por el hijo de

Gabo íntimo

Exclusiva publicada en *El Mundo* en 1982.

≈ **Pedro Páramo** ≈

"Hay muchos libros que yo he leído y que me han gustado muchísimo desde que empecé a leer, pero con *Pedro Páramo* hay una cosa especial. No fue solo que me gustó, sino que tuve una identificación tan inmediata y tan profunda con el libro que me produjo por primera vez una enorme envidia. Cuando lo leí dije: 'Este es el libro que yo hubiera querido escribir'. Entonces como es natural, he tenido desde entonces que defenderme a brazo partido de *Pedro Páramo*, pero por mucho que me haya defendido probablemente no lo he logrado por completo y tal vez algo de eso ha quedado y lo consideraría uno de los grandes elogios que me hicieran".

— *GGM*

García Márquez. No sabía que lo había tenido por alumno… La anécdota me la contó el propio Fuentes y mi hijo esta es la hora en que no sabe que yo sé.

El Premio Nobel

En la única inmortalidad que cree es en la de los cangrejos. Se siente capaz de rechazar el Premio Nobel pero no lo va a hacer, "porque no me da la real gana, porque los 200 000 dólares son para ayudar a financiar el nuevo periódico". Se cree un jovencito de 54 años, según dice textualmente, y considera que en Colombia no ha hecho otra cosa distinta que política, desde hace muchos años. No niega que a veces es insolente, y lo es porque es así y porque a la gente le gusta. Reitera que los premios solo sirven para crearles ilusiones y para darles satisfacciones a los amigos personales, amén de reventar de rabia a los contradictores y enemigos. Cree que el Nobel de Literatura no se lo han concedido por uno de sus libros sino por toda su obra… "y por la que está en camino me darán otro", agrega con desparpajo y carcajadas. Además, usa desde hace varios años una pulsera de plata, en su mano derecha.

—¿Por qué?

—Mira, no es un agüero. Me la regalaron los hijos en un cumpleaños. En la pulsera están grabados todos los datos para un caso de emergencia: el tipo de sangre, todas esas vainas…

Muerte del padre

En ese momento Gabo era uno de los 12 hijos vivos de los 16 que tuvo Gabriel Eligio. Su padre arrastraba un problema intestinal que le paralizaba la mano, por lo que el escritor empezó a llamar 10 veces diarias a los médicos hasta que en la madrugada del 13 de diciembre de 1984 abandonó este mundo el telegrafista de Aracataca. Fue una odisea poder viajar a Colombia desde México, aunque curiosamente salía un avión de la línea Aeromexico que llegaba en la tarde a la ciudad amurallada, justo a la hora del entierro.

⪝ El amor ⪞

—¿Esa proyección a través de sus obras de alguna manera es el tormento de su propio amor?

—No, yo creo que es una identificación de lo que es el sentimiento, la pasión más importante del ser humano y seguramente de los animales. Si estos pudieran, se manifestarían. Es decir las relaciones que tienes con los perros, con los animales, y creo que ellos también ven la correspondencia. Es el sustento de la vida, lo que pasa es que lo llaman de todas maneras y lo diversifican y lo disfrazan pero es la única razón para vivir.

En el aeropuerto El Dorado, un empleado de Oveja Negra le entregó un maletín negro.

Quizás por superstición, Gabo siempre andaba con un bolso negro. Y en esa valija iban quinientos mil pesos, que para esa época era una suma cuantiosa. Mercedes había llamado a Kataraín y le había dicho: "Gabo se fue limpio, no llevó ni un peso, no lleva nada, no tiene ni para coger un taxi".

Cuando llegó a Cartagena, procedente de Bogotá, y se bajó del carro, se apareció una hermana de Mercedes y le preguntó por el maletín. "Está en el carro", respondió. Gabo lo abrió y se sorprendió. "Abrí entonces y encontré 500 mil y la novela que estaba escribiendo".

> **Los 200 mil dólares son para ayudar a financiar el nuevo periódico.**

"Con lo sucedido, (con la muerte del papá), voy a replantear todo el primer capítulo de mi novela, es que la realidad está ahí. No es sino escribirla".

Al menos alcanzó a llegar a la iglesia. Todo para llevarse un gran enojo. El gobernador y todas las fuerzas vivas de la ciudad, incluyendo al movimiento M-19, querían un entierro pomposo, con discursos, con altoparlantes. "Cayeron como buitres", dijo textual. Gabo se emberracó y no lo permitió, como tampoco autorizó un velorio de nueve días con parranda, rezos, tintos y tertulias, la costumbre en muchos pueblos de la costa.

Gabo ordenó el entierro a continuación, el mismo día. "Pero mi madre, que es una maravilla, desde que ocurrió el desenlace determinó que a Gabriel Eligio se le enterraría en el cementerio de Manga, que es el cementerio de los pobres, porque ellos fueron pobres toda la vida. El único que no he sido soy yo. Y eso ahora. Siempre vivieron en la misma casa, nunca tuvieron mayor cosa".

Cuando el viejo se agravó, llamaron a Gabo a consultarle si le contaban a Luisa Santiaga, la mamá. "Claro, no solamente lo pido sino que lo exijo". Se fue para la clínica Luisa Santiaga y evacuó a todo el mundo de la pieza, se quedó sola con Gabriel Eligio hasta que murió en la madrugada. Sin llorar. Solo se derrumbó después del entierro, cuando se encerró sola en un cuarto.

Otra cosa que molestó al novelista fue el recital de pésames. La gente que expresaba su solidaridad y a los cinco segundos le preguntaba por otra cosa, eso lo jodió terriblemente en el entierro.

Los presagios I

—**M**ientras escribía *Cien años de soledad*, estaba muy metido en el asunto de los presagios y las premoniciones. Y apareció el doctor Fernández Guardiola, que es muy famoso, padre de un gran dibujante español, exiliado en México. Yo trataba de demostrarle qué era la telepatía, las premoniciones, los sueños. La posibilidad de que los sueños se realizaran, que había una gran dosis de realidad. Yo creo que uno de niño tiene facultades adivinatorias que se pierden porque los adultos, los maestros, los padres lo convencen de que eso no puede ser y entonces uno se descuida y las deja y desaparecen. Pero estoy convencido de que es así y con Fernández Guardiola tuve una experiencia muy buena. Pero la mejor de todas, fue que una noche me llamó por teléfono para preguntarme qué necesitábamos y yo le dije: "Cualquier cosa, eso no tiene importancia". De pronto Mercedes me gritó: "Dile que nos traiga vino", yo ya había colgado y dije "no te preocupes que lo traerá".

–Y llevó unas cosas y advirtió: "Se me ocurrió traerte un vinito". Le dije: "mira lo tengo escrito". Yo escribí: "Augusto nos va a traer vino y lo puse ahí". Cuando él llegó, lo saqué: "Mira lo que acabo de escribir". Fue un golpe el que se llevó él. Otro caso es el de María Luisa Lio, una española grande de España. Luisa estaba refugiada en México desde niña. Ella no solo creía, sino que decía que era muchísimo más y que yo era un ignorante porque no sabía hasta qué punto esas cosas eran reales. Me contó tales experiencias en eso de episodios parasicológicos que yo andaba fascinado. Ella venía porque estaba fascinada con el libro y yo estaba fascinado con los aportes que ella me hacía.

Los presagios II

La historia ha sido ampliamente narrada: Iba con su familia para Acapulco de vacaciones. En la mitad del camino le sucedió lo que estaba esperando desde hacía años: el presagio de su novela. Con relación a esa poderosa y misteriosa fuerza oculta que lo ha acompañado desde niño, el mismo García Márquez describe en *Cien años de soledad*: "Eran inútiles sus esfuerzos por sistematizar los presagios. Se presentaban de pronto, en una ráfaga de lucidez sobrenatural, como una convicción absoluta y momentánea".

Esas vacaciones se frustraron. Pero nació la novela. "¡Y qué novela!", cuenta Mercedes Barcha de García.

La pasión por la novela histórica

"Por el carácter mágico y maravilloso de la realidad colombiana llegué a ese punto, después de estar tratando de retocar líricamente la realidad y de darle un toque fantástico, hasta que descubrí que estaba perdiendo el tiempo. La realidad es mucho más fantástica, entonces me fui a la historia que además es mucho más fantástica que la propia realidad del país".

— *GGM*

—Gabo se encerraba en la biblioteca (esta hoy se halla reformada, ya no tiene las dos alas corredizas de madera), y contra el extremo de la ventana se sentaba a escribir, convencido de que estaba haciendo una obra maravillosa. Debajo mantenía un calentador contra el frío, le gustaba sentirse en un ambiente confortable.

Mercedes jamás leyó los originales, ni jamás ha leído ninguna de sus otras obras antes de que salgan editadas.

—Es un agüero, una superstición—, cuenta Gabo. —Además, me encanta despistar a mis amigos.

El cuento de la bolita

Rodrigo, quien es hoy fotógrafo profesional y Máster en Historia de la Universidad de Harvard, tenía entonces dos años. Gabo no había podido olvidar por un segundo aquella noche en que llegó y Mercedes le dijo que no había podido comprar leche porque no tenía con qué.

—Hijo, cuando me paguen la plata de los programas de la emisora quiero darte un regalo. ¿Qué te gustaría?

—Una bolita, papá.

Seis meses después Gabo se apareció en la casa de Las Lomas número 19 con el ansiado regalo: una bolita de cristal, pequeñita, y una bola gigantesca, un globo de gas inmenso, que no cabía por la puerta, por poco toca tumbarla. Él le había prometido llevarle la bolita más grande del mundo, y lo cumplió.

El hombre de la maleta negra

Hay otra anécdota menos conocida pero extraordinaria y legendaria. Gabo la recuerda y la cuenta con emoción: Ya se ha comido el pote de helado de guanábana, y en la cafetería del parque central de Cuernavaca, a las cuatro de la tarde, hay muy pocas personas. Solamente una señora de regular estatura, de gafas y de mantilla mexicana, muy bien vestida y muy bien pintada; bebe despacio su taza de café, sin afán. Cuando termina no se retira sino que pide más café. Y más café.

—Mis dos hijos, Rodrigo y Gonzalo le tienen temor a mis premoniciones y augurios. Un día en el comedor después de haber peleado en la mañana palabra por palabra de *Cien años de soledad*, se me ocurrió decirles que un día llegaría a la casa y tocaría la puerta un señor grande y mayor con una maleta negra en sus manos. Y que esa maleta negra estaría llena de billetes, y que entonces no volveríamos a pasar dificultades ni hambre, y que con ese dinero les podría comprar todos los regalos y juguetes del mundo, y que creyeran en el cuento porque si no creían no llegaría el señor de la maleta negra, pero que si creían, el señor de la maleta negra llegaría un día a la casa, tocaría a la puerta, y entonces…

Una vez terminó su novela más vendida, y la más fascinante por su lenguaje, por su infinita imaginación, por su riqueza narrativa, Gabo y su familia decidieron marcharse a Barcelona, España. La editorial Sudamericana (de Argentina), que

Aquí la escribió

1967

Casa

México
DF

Cien años
de soledad

había adquirido sus derechos, lanzó una primera edición de 10 000 ejemplares. Los mismos que rápidamente se agotaron. Fue el comienzo de la locura, de la locura que quince años más tarde culminaría con el máximo reconocimiento a sus dotes y condiciones: el Premio de Literatura que la Academia Sueca concede un jueves del mes de octubre desde hace 79 años.

—Estábamos muy instalados en Barcelona, los hijos en el colegio. Un día me llamó un señor de edad y me dijo que era el representante de la editorial que había comprado mis derechos, que tenía instrucciones de entregarme las primeras regalías, pero que no las podía dar en cheque sino en efectivo, que si deseaba me las podía consignar en la cuenta bancaria.

"¡Ahí está! Este es el señor de la maleta negra", pensó Gabo.

—Mire señor: le agradezco su llamada y su ofrecimiento. Si no tiene inconveniente, porque yo no tengo cuenta bancaria todavía, le pido el favor de que compre una maleta negra, meta el dinero allí y me lo traiga a tal dirección mañana después de las tres de la tarde, cuando los chicos hayan regresado del colegio. A las tres y media de la tarde la familia García Barcha, Gabriel, Mercedes, Rodrigo y Gonzalo almorzaban en su casa.

Suena el timbre. Gabo le pide a sus dos hijos que abran la puerta, que está seguro de que es el señor de la maleta negra.

—Fue la locura. Al abrirla, los billetes no cabían, se desparramaban, jamás habíamos visto tantos billetes juntos.

Los hijos no se recuperaban de su asombro ni de tanta alegría.

—Hoy cuando les digo que va a pasar tal cosa tiemblan. Están seguros de que así sucederá.

El autógrafo

José Vicente Kataraín, su señora Ana María, y yo, estábamos también pasmados. Gabo, al relatar la historia no suspendió en ningún momento su descripción, ni permitió que nadie lo interrumpiera, ni dejó que nada lo distrajera. El mesero que trajo la cuenta se tuvo que regresar a la barra sin entender por qué nadie le

Parecido a sus personajes

—Todos tienen pedacitos, yo creo que no hay personaje que no sea autobiográfico de un novelista. De verdad que trabajé con las entrañas, como creo que lo hago yo, la única experiencia humana real que uno tiene es la de uno mismo. Entonces la base es esa, más bien la composición, el comportamiento, pero adentro ese personaje siempre es uno.

prestaba atención, ni por qué nadie le pagaba… Entonces la señora de la mesa de al lado, la única persona distinta a nosotros que había en la cafetería del parque central de Cuernavaca, se levantó de su silla, tomó su bolso, y se acercó pausadamente.

—Ay qué alegría, qué historias tan bonitas, lo reconocí.

Ni Gabo ni nadie sabía que contestar.

—¿No es cierto que usted es el escritor García Márquez (estábamos aún a cinco días de que se difundiera el Premio Nobel de Literatura, el único de Colombia en toda su historia, el cuarto en su género de América Latina). Con sus ojos de virgen de Guadalupe, con su mantilla y con su acento mexicano y campesino inconfundible, la señora requiere de nuevo a Gabo:

—Dígame no más…

—¿Y usted por qué me conoce?

—Me sonó su voz, lo vi en televisión hace un año y medio, en su programa del señor fulano, me sonó su voz, he escuchado toda su plática, ¡que bonita!, si sus hijos no hubieran sufrido tanto quién sabe qué sería hoy de ellos... Ay, por favor, señor Don García Márquez, regálame su autógrafo.

Gabo saca su bolígrafo negro de su overol azul de combate y en una servilleta le escribe: Para María Patrocinio, la voz que le suena, Gabriel.

La señora Patrocinio se despidió radiante. "Dios lo lleve con bien".

Y empezó a contarle a varias personas de la calle que en la cafetería estaba García Márquez, el de overol azul, el escritor mexicano... según ella.

Cuando empezó a formarse el corrillo estábamos camino a su casa campestre.

Mala ortografía

Las manos de Gabo hablan solas. Son más bien redondas, de regular tamaño, proporcionadas a su estatura mediana, perdón, baja. Sus movimientos son varoniles y enérgicos, y permanentemente las entrecruza, se las frota, se las lleva a la parte trasera de su oreja derecha, o a su bien motilado y canoso bigote o las extiende plácidamente en los brazos de sus poltronas.

—¿Tienes buena ortografía?

—Mala; para eso hay correctores.

—¿Sabes reglas de gramática y de sintaxis?

> Las manos de Gabo hablan solas. Son más bien redondas, de regular tamaño, proporcionadas a su estatura mediana.

—Ni una sola. Tengo el sentido natural del idioma, nace con uno, nació conmigo. Sé que lo que escribo está bien construido, sé que es correcto, pero ignoro el por qué, aparte de que no me importa. Si al escribir tuviera en cuenta las reglas de la Academia o consultara con el diccionario si esto o aquello se puede decir, iría en el primer capítulo de *La Hojarasca*.

> **"A veces a los escritores se les olvida que todo hombre público es una persona y que como tal merece respeto".**

—Cuando te digo que tengo el sentido natural del idioma es cierto: en estos días estuve leyendo de nuevo la serie de reportajes que le hice al ciclista Ramón Hoyos Vallejo, en 1954, después de la tragedia de Media Luna ("desde entonces no voy a Medellín"), y hoy, casi treinta años después a esos reportajes ni les sobra ni les falta nada. Técnicamente son impecables, los considero una especie de libro de texto para estudiantes de periodismo. Y fíjate, los escribí para *El Espectador*, cuando tenía 24 años y nadie me indicaba cómo se hacían las cosas.

En una de sus columnas semanales, que se publicaban en doce periódicos diferentes del mundo entero, Gabo relató recientemente la dificultad que le costaba escribirlas. La víspera duerme mal, no descansa hasta que todos los jueves redacta, después de haber seleccionado cuidadosamente el tema de acuerdo con los intereses de los lectores de actualidad noticiosa.

En una palabra, sufre. Increíble.

—¿En el uso del lenguaje tienes respeto y pudor por algo?

—Por los adjetivos, los cuido extremadamente. ¡Se puede hacer tanto daño con su utilización torpe y malintencionada! A veces a los escritores se les olvida que todo hombre público es una persona y que como tal merece respeto. Es terrible cuando alguien entra a descalificar por descalificar, cuando se usan los adjetivos para matar.

Gabo escribe todos los días. "Por eso acepté hacer una columna semanal en los periódicos, por disciplina, por hábito, para soltar la mano. Antes, entre novela y novela, no escribía nada. Me tocaba entonces volver a aprender a escribir cada rato".

La magia del poder

Le encantaba que lo llamaran los presidentes de diferentes países. No tanto que le consultaran, sino que le pidieran su opinión sobre un tema. Le gustaba que lo recibieran los reyes, era bien amigo del Rey de España, y cada vez que Gabo iba a España tenía que ir a visitarlos y almorzar con ellos. Pero este gusto por el poder era general, no solamente con el político, sino con el poder económico. Gabo llegó a ser amigo de muchos dueños de conglomerados económicos, que además lo admiraban más allá de sus reservas por su ideología.

El futuro

—¿Le tienes temor al futuro? ¿Qué siente un nobel tan joven como tú? ¿No es un compromiso tremendo?

Gabo no duda nunca, para todo tiene una respuesta.

—Mira, cuando me dieron la noticia del Nobel ("a ti te consta el cuento") le dije a mi familia: "Aquí no ha pasado nada". Lo mejor de todo es que ya no volveré a figurar más cada año como candidato. Eso me permitiría escribir, vender mis nuevas obras desde la máquina y hacer el periódico.

Gabo piensa en obras diferentes a la anunciada novela al amor eterno y feliz. Dos obras que no tienen que ver con los boleros ni con baladas, ni con nada que se le parezca.

—Llegará un día en que escriba mis memorias.

Gabo tiene una retentiva feliz pero selectiva. Y ha sido testigo excepcional de numerosos acontecimientos de la vida colombiana y de complejos episodios de la centroamericana. "Mis memorias serán una bomba", te lo aseguro.

La otra obra versará sobre sus libros anteriores, sobre la realidad acerca de sus personajes. Será la revelación de su contexto verdadero, una dimensión diferente. Aún la tiene en blanco y negro.

El secreto del éxito

Gabo es quizá el escritor contemporáneo que más libros vende en el mundo. *Cien años de soledad*, por ejemplo, se encuentra traducida a 35 idiomas. De *Crónica de una muerte anunciada* se han editado más de 1 300 000 ejemplares. El día en que se conoció la noticia del Nobel en México, José Vicente Katataraín, director de la editorial La Oveja Negra, colocó en dos llamadas pedidos por 150 000 dólares (nueve millones de pesos).

—¿A qué crees que se debe tu éxito literario, cómo explicas la venta masiva de tus obras?

—No lo sé. Será que soy buen escritor… Lo único que tengo claro es que mis libros los vendo desde la máquina de escribir. Soy yo, y no mis editores, ni los lanzamientos publicitarios que me hacen, quien resuelve los problemas que plantea cada novela, cada cuento. Por supuesto, influye el que se encuentren bien exhibidos y que el precio sea asequible.

Miles de
llamadas

Día del
Nobel

Secretarias

Teresa Ortiz,
Ubalda Martínez

Hace en esta parte del relato un fundamentado elogio de las calidades y condiciones de Kataraín y su gran amiga Carmen Balcells, quien es su representante general, la que negocia es su representante general, la que negocia derechos y regalías sobre sus obras en el mundo entero. Es catalana y vive en Barcelona. Su eficacia y dinamismo llegan a tal extremo que en la oficina de Carmen hay una inscripción en una pared con la siguiente leyenda escrita por Gabo: "Mi mayor ambición es tener una agencia literaria como esta y a un autor como yo".

● ● ●

El periódico
3
FRUSTRADO

"*No quiero que se me recuerde por Cien años de soledad, ni por lo del Premio Nobel, sino por el periódico. Nací periodista y hoy me siento más reportero que nunca. Lo llevo en la sangre, me tira. Además, quiero que hagamos el mejor diario de América Latina, el mejor informado, el más veraz, el más exacto. Que nunca nos rectifiquen*".

El periódico que soñó Gabo

Un día cualquiera de 1982 aterrizó en mi oficina una carta que no había querido abrir mi secretaria, como era la costumbre. En ese tiempo me desempeñaba como director del periódico *El Mundo* de Medellín y la misiva que reposaba en el escritorio de la calle 53 No. 74 – 126, en la zona del estadio Atanasio Girardot, me llamó la atención porque decía "Personal". Miré la contratapa y se destacaba una casilla postal de México D. F.

Hasta ese momento no albergaba a ningún mexicano entre mis afectos. Abrí el sobre y comencé a leer unos párrafos que remataban con la firma del escritor Gabriel García Márquez. Me devolví un poco en el texto y la carta escrita a máquina expresaba el apetito de fundar un periódico nacional, tal como me lo expresó en una entrevista periodística:

> *Desde que me inicié como reportero, con una terquedad enfermiza, he soñado con hacer un periódico. Digo periódico. Cuando llegué a México advertí que la hora podía estar próxima y que debía aprovechar mi exilio para darle rienda suelta a la idea… Entonces empecé a leer todos los periódicos colombianos, a estudiarlos. Pedí que me los mandaran todos los días. Rápidamente me di cuenta de que el diario* El Mundo *de Medellín estaba muy bien hecho. Que me gustaba, que su aire y su amplitud no los encontraba en ningún otro medio. Vi que en sus páginas había búsqueda, originalidad, creatividad. Deduje que era un periódico de gente joven, con empresarios nuevos y de mentalidad progresista y actualizada, que merecía mayor dimensión y éxito nacional. Puede ser que les interese una propuesta de García Márquez, pensé.*
>
> *—Gabo, excúsame mi impertinencia. ¿Insistes en cambiar todo lo que tienes por irte a joder en un periódico?*
>
> *—Entonces qué quieres, ¿que me convierta en un viejito de pantuflas y me encierre en un cuarto para que no se me escape el aroma de la fama? No, voy a regresar a Colombia a trabajar y a estudiar la fecha de salida.*

Quiero vivir y donde más se vive es en la redacción de un diario. Quiero volver a empezar, trabajar sin sabelotodos de 45 años, con muchachos sin vicios, con periodistas profesionales que crean en Colombia, que no destilen hiel, ni amargura permanentemente.

Yo no conocía al creador del realismo mágico, jamás le había estrechado la mano. Sin contar sus otras obras literarias, *Cien años de soledad* ya era un fenómeno editorial y el rumor del Premio Nobel se paseaba por los cafés literarios. Aunque pidió mantener en secreto el contenido de la carta, en otro fragmento de la misma escribió instrucciones precisas que revelaban un contacto en Bogotá: "Me gustaría intercambiar ideas contigo sobre la posibilidad de que mi sueño de hacer 'otro' periódico se convierta en realidad en asocio con *El Mundo* de Medellín. Y para este efecto, si estás interesado, te ruego el favor de que llames a José Vicente Kataraín, gerente de la editorial Oveja Negra en la ciudad de Bogotá y te pongas de acuerdo con él para que se sienten a conversar. Si hubiere el interés después de esa conversación, quiero que vengas a México para que tú y yo conversemos más a fondo". Luego agregó: "Un fuerte abrazo, te espero en México".

Algo por el estilo decía esa comunicación que lamentablemente no he podido encontrar. Está tan bien guardada, aunque no sé en qué baúl reposa hoy. Entonces llamé a Kataraín, sin mostrar que me sentía muy orgulloso de que el periódico *El Mundo* le gustara, viniendo de quien venían esas palabras de elogio.

—¿Cuándo puedes venir?–, dijo el editor de Gabo en Colombia.

El viernes siguiente caminaba en Bogotá, cuatro días después de leer la oferta periodística. Hablamos por espacio de cinco horas con el editor, al cabo de las cuales tomó el teléfono y llamó a Gabo que estaba en su casa mexicana. Le habló directo: "Ya acabé con él, te lo paso".

—¿Qué ha pasado?, ajá –dijo como si hubiéramos sido viejos amigos y nos conociéramos–. Kata ya te contó todo, me encanta, sabía que podíamos llegar a tener una serie de identidades en muchas cosas. Si Kata te dice que sí, yo diré que sí, pero quiero conocerte. ¿Cuándo vienes?

A los pocos días aterricé en el aeropuerto de la capital federal, mientras él esperaba como cualquier paisano, en la salida de migración. Nos llevó en su BMW de color verde. "Vámonos al hotel", vociferó y sacó un casete de Rocío Jurado que solo repetía una canción titulada "Señora", de Armando Manzanero. La escuchó dos o tres veces, mientras nosotros no decíamos una sola palabra. "Esa es mi nueva novela", advirtió. Kataraín y yo nos quedamos absolutamente absortos, desconcertados.

El silencio del viaje duró hasta que llegamos al hotel María Cristina, en plena capital. Gabo no quiso que su representante presenciara nuestra conversación, que en realidad fue un interrogatorio bastante parecido al de días previos en Bogotá, casi como una agencia de inteligencia. Eran preguntas sobre lo divino y lo humano, mis antecedentes, mis amistades, mi ideología. Profundizó muchísimo sobre quiénes eran mis socios, si les tenía confianza, si respondía por ellos, si tenían la apertura mental empresarial para tomar la decisión de trasladar *El Mundo* de Medellín a Bogotá.

"Voy a regresar a Colombia a trabajar y a estudiar la fecha de salida".

Quería que *El Otro*, porque así lo quiso llamar, fuera un periódico de orden nacional con ediciones satélites en Medellín, en Cali y en Barranquilla. Con mi viaje se había dado el primer paso, así que el escritor llamó a su editor y lo conminó a celebrar con tragos. "Mañana los invito a mi finca en Cuernavaca", advirtió. Su felicidad se basaba en que había encontrado al fin una ventana del pluralismo que se apartaba de los diarios familiares colombianos, cercanos de la doctrina monolítica liberal o conservadora.

¿Cuál era el aporte del periódico *El Mundo*? En sus páginas escribían Antonio Caballero, Daniel Samper Pizano, Alfredo Vásquez Carrizosa, Alberto Aguirre, además de una serie de firmas internacionales de prestigio. Eso le daba al medio escrito un carácter distinto en una sociedad conservadora como la de Antioquia. Por otra parte, era el diario mejor diseñado de Colombia en su época, con una maquinaria impecable y una excelente impresión, con cantidad de premios nacionales e internacionales.

EL MUNDO

LA VERDAD SOBRE EL

NUEVO PERIODICO

Con motivo del acuerdo suscrito en Cuernavaca (México), el pasado 18 de octubre, entre el escritor y Premio Nobel de Literatura Gabriel García Márquez, el direc tor de la Editorial La Oveja Negra y el director de EL MUNDO (en representación de Promotora de Ediciones y Comunicación Ltda), para la constitución de una empre sa promotora que tendrá por objeto editar un nuevo diario en Bogotá, han circula do sinnúmero de versiones y rumores.

Por todo lo anterior, la Junta Directiva de Promotora de Ediciones y Comunicación Ltda(empresa propietaria de EL MUNDO), por intermedio de su Presidente, J. Mario Aristizabal, y de su Director, Darío Arizmendi Posada, se permite informar lo si- guiente:

1. Que desde hace varios meses, y por iniciativa del escritor Gabriel García Márquez, se vienen desarrollando conversaciones y estudios económicos y de factibilidad técnica entre Gabriel García Márquez, José Vicente Kataraín y Darío Arizmendi Posada, con miras a la publicación a finales de 1983 de un nuevo diario matutino de circulación nacional, en tamaño tabloide.

2. Que como consecuencia de lo anterior, las tres personas mencionadas, debida mente autorizadas, firmaron el pasado 18 de octubre en la ciudad de Cuernava ca la Carta de Intención para la creación de la Sociedad Promotora del nuevo medio masivo de comunicación, la cual tendrá como socios gestores a los si- guientes: Gabriel García Márquez, Promotora de Ediciones y Comunicación Ltda- EL MUNDO, Editorial La Oveja Negra y Patricia Lara.

3. Que serán funciones de esta sociedad Promotora contratar y evaluar los estu- dios de factibilidad en las áreas económica, del mercado, de inversión publi citaria, de maquinaria, de perfil del lector, de distribución y circulación, de diseño y estructura del contenido, de organización empresarial. Así mis- mo se encargará de escoger el nombre del nuevo diario.

4. Una vez concluidas las anteriores etapas se procederá a constituir la sociedad definitiva, la cual será conformada por los socios gestores y otros que se informarán oportunamente.

5. Con el paso enunciado, Promotora de Ediciones y Comunicación Ltda-EL MUNDO cumple su propósito de participar en proyectos relacionados con su objetivo social, descrito en la escritura de constitución de la empresa desde el mes de julio de 1978. En este sentido, cabe agregar que todo el equipo profe-

Carta aclaratoria sobre constitución del periódico *El Otro* firmada por sus fundadores.

Medellín, nacional.

Para constancia se firma, el día 16 de Octubre

Gabriel García Márquez

José Vicente Kataraín

Darío Arizmendi Posada

Un tercer aspecto relevante consistía en que la redacción era nueva, compuesta por jóvenes escogidos mediante convocatoria pública entre las facultades de periodismo. Se presentaron 150 muchachos recién egresados o que estaban en otros medios y pasaron una serie de pruebas que eran evaluadas y examinadas por gente de mi confianza, como la subdirectora Marta Botero o Héctor Rincón, el jefe de redacción. Constituimos un equipo de 35 periodistas que formamos durante cuatro meses gracias a un manual y a unas pruebas reales que no salían impresas. Esa fue la redacción original, más reporteros gráficos. Se imprimió un espíritu, una actitud, una aventura. Una época de oro, que rápidamente hizo reaccionar al resto de periódicos del país que empezaron a cambiar y mezclar otros colores políticos en sus páginas.

El sueño periodístico de García Márquez era fundar un tabloide en blanco y negro como *El País* de España o *La República* de Italia. Empezamos a trabajar de inmediato —hasta en los detalles— después de definir la estructura, el contenido, el orden en que se iban a colocar las secciones, a buscar nombres de los editores. Ya los tenía chequeados. Sabía, por ejemplo, que el jefe de redacción debía ser Mauricio Vargas, el hijo de Germán Vargas Cantillo, de su grupo de amigos de Barranquilla. Le gustaba muchísimo Camilo Calderón, una persona muy ilustrada, para editor cultural. Le encantaba Consuelo Mendoza, una mujer que manejaba muy bien el tema de mujer, de sociedad. Y así fue llenando los otros cuadros con dos o tres candidatos. Después, discutimos la estrategia con mis socios en *El Mundo*.

Le expliqué que eran empresarios liberales que no tragaban entero. Eran ejecutivos cuidadosos del dinero que decían: ¿Cuánta plata vamos a ganar o a perder ahí? Pero este asunto era mejor conversarlo en una visita al periódico en Medellín.

—¿Cuál es el accionista más importante y el líder de ese grupo?— apeló Gabo.

—Álvaro Uribe Moreno—, respondí, que en esa época era el principal vendedor de carros Renault en Colombia, de familia muy adinerada.

—Llámalo.

═ ¿Qué es noticia? ═

"Es un hecho narrable que se da en el tiempo y en el espacio, que lo protagoniza alguien, un ser humano. *El Otro* debe ser como *Cien años de soledad*, con lectores de 12 hasta 85 años, con una narración total desde la primera página hasta la última. Hay que saber gramática para yo poderla violar, las formulas periodísticas hay que cambiarlas constantemente para que no se convierta en un periódico cliché y adivinable".

— GGM

Tomamos contacto desde Cuernavaca: "Álvaro, Darío Arizmendi, te voy a pasar a un amigo". Él se dio cuenta de que era una llamada desde el exterior.

–¿Tú dónde andas?

–Sí, te voy a pasar a un amigo.

Gabo se aferró al teléfono.

–Ajá, Álvaro. Habla Gabo–, le dijo como si fueran viejos amigos.

Él se ganaba a la gente de esa manera, por la sencillez y la frescura, que era su estrategia para esconder la timidez. Gabo era muy temeroso de muchas cosas.

–No hombre, no me tome el pelo…

–No, te habla Gabo, Álvaro – le dice desde Cuernavaca–. Darío se vino en secreto, estamos conspirando. Mira, es que Darío va a regresar mañana, pasado mañana, y él va a llevar un planteamiento porque quiero que nos asociemos y no te

EL MU

Año IV - N° 1.277   Medellín-Colombia, Jueves

El mundo de

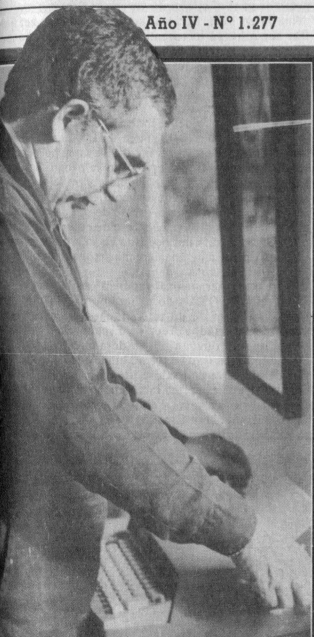

El diario
será
naciona

✱ ¿Por qué se asoció d

Por Darío Arizmendi Posada
Director de EL MUNDO

Parece insólito: a los 54 años de
edad, en la plenitud de su vida,
el Premio Nobel de Literatura
1982, Gabriel García Márquez,
quiere empreder un nuevo reto,
vivir la maravillosa aventura de
hacer un nuevo periódico en
Colombia.

Su fama, su éxito abrumador,
sus circunstancias personales y
económicas, le permiten vivir
donde muchos compatriotas suyos han soñado: París, Roma,
San Francisco, Londres, México, La Habana, en fin, cualquier ciudad. En la certeza de
que en todas (bueno, en casi to-

Hoy en España

Elecciones decisivas

Madrid, (España) 28 (AP)— Los dirigentes políticos se reunieron ayer con el rey Juan Carlos en vísperas de las próximas elecciones que se llevarán a cabo hoy, y manifestaron confianza en el futuro del experimento político español.

El líder del Partido Socialista Obrero Español (Psoe), Felipe González, principal candidato a dirigir el primer gobierno socialista en España, opinó que la reunión fue "extremadamente positiva".

"El rey tuvo una muy buena idea de reunirnos aquí en este día de reflexión", dijo González. "Significa que todos favorecemos la coexistencia pacífica pese a nuestras diferencias ideológicas legítimas, y que todos respetamos la corona y la constitución".

La mayoría de las encuestas indica que los socialistas ganarán de 193 a 217 bancas en la cámara baja del parlamento de 350 escaños.

El jefe de la Alianza Popular (AP), derechista, Manuel Fraga, dijo después de la reunión que aceptará la reunión "no importa quién gane".

Se anticipa que la AP ganará entre 69 y 80 bancas, para convertirse en el principal partido de oposición.

El líder del Partido Comunista, Santiago Carrillo, dijo que él y sus colegas dijeron al rey que el país debía ser protegido del golpismo y el terrorismo.

Las encuestas indican que el Partido Comunista caerá del 10 por ciento de los votos en las elecciones legislativas de 1979 a menos del cinco por ciento hoy.

Lea sección 1, página 9

Elecciones en España

González, el hombre del cambio

EL MUNDO EN ESPAÑA

Por Sophy Villegas de Lobete

---

o (3)

lista

L MUNDO?

a privada; si antes del
ando alguien lo in-
a perseguía su
, formándose rápida-
corrillo o una calurosa
ión; si todo ello su-
s del Nobel, ¿qué no
ora?

o vive confortable-
ne lo que necesita y lo
ta, pero nada de lujos
tes. "Salvo buen
ra mis amigos". El
neja su vehículo, co-
ltimo modelo. "Lo
or el equipo de soni-
o mejor que tiene el
l mismo gobierna su
rganiza y dispone co-
a. A pesar del pánico
sa montar en avión

escandalices pero de pronto terminamos llevándonos tu periódico para la ciudad de Bogotá, y hacer un gran diario nacional que sea muy moderno y muy audaz.

—Ah, bueno maestro, excelente, esperamos a Darío.

Por el revuelo noticioso, se convocó una junta a la que asistieron todos los accionistas importantes. Les planteé esta historia del periódico de Gabo que fue objeto no de uno sino de varios debates con posiciones encontradas, pero finalmente se adoptó la decisión de que se hiciera un estudio de factibilidad económica, ya que no querían perder dinero. Se contrató a Gabriel Poveda Ramos, quien dirigía una oficina de factibilidad de proyectos y, para sorpresa de muchos, el análisis demostró que efectivamente podía ser una gran oportunidad, que había espacio en Bogotá para hacer un periódico con carácter.

Se autorizó dar pasos concretos, como otro estudio de maquinaria complementaria, tema en el que nos ayudó Luis Fernando Santos, ex gerente general de *El Tiempo*, amigo personal mío y quien había sido muy útil en la estructuración empresarial de *El Mundo* por la experiencia en *El Tiempo*. Se hicieron contactos con proveedores y empezamos a trabajar de la mano de otro equipo que Gabo tenía en la cabeza: Rodolfo Terragno, Miguel Ángel Díaz y Tomás Eloy Martínez, tres periodistas argentinos de amplio recorrido en las artes del periodismo. Nos reunimos en algunas oportunidades para avanzar en el proyecto, una de ellas en Barcelona durante varios días, en las oficinas de Carmen Balcells, después de que Gabo regresara con el premio gordo desde Estocolmo.

Así fue publicada la noticia en *El Mundo* de Medellín, una vez avanzó el tema:

La verdad sobre el nuevo periódico

Con motivo del acuerdo suscrito en Cuernavaca, México, el pasado 16 de octubre, entre el escritor y premio Nobel de literatura Gabriel García Márquez, el director de la editorial La Oveja Negra y el director de El Mundo *(en representación de Promotora de Ediciones y Comunicaciones Ltda.), para la construcción de una empresa promotora que tendrá por objeto editar un nuevo diario en Bogotá, han circulado sinnúmero de versiones y rumores.*

La redacción

"Que la redacción sea como una casa vieja, bien decorada, llena de flores, que sea estética y humana, que el periódico tenga un contenido con un criterio de diario explicativo, narrativo, que tenga un buen comedor, que uno se sienta en su casa, para invitar gente para tertuliar".

— *GGM*

Por todo lo anterior, la junta directiva de Promotora de Ediciones y Comunicaciones Ltda., por intermedio de su presidente, Jota Mario Aristizábal, y de su director, Darío Arizmendi Posada, se permite informar lo siguiente: 1. Que desde hace varios meses y por iniciativa del escritor Gabriel García Márquez se vienen desarrollando conversaciones y estudios económicos y de factibilidad técnica entre Gabriel García Márquez, José Vicente Kataraín y Darío Arizmendi Posada, con miras a la publicación a finales de 1983 de un nuevo diario matutino de circulación nacional, en tamaño tabloide. 2. Las tres personas mencionadas, debidamente autorizadas, firmaron el pasado 16 de octubre en la ciudad de Cuernavaca la carta de intención para la creación de la sociedad promotora del nuevo medio masivo de comunicación, la cual tendrá como socios gestores a los siguientes: Gabriel García Márquez, El Mundo, Editorial la Oveja Negra y Patricia Lara.

J. V. [firma]

MEMORANDO

Reuniones efectuadas en Barcelona
entre el 15 y el 18 de diciembre de
1982 para inventar el periódico
EL OTRO.
M.V.L.

Memorando del periódico firmado por Mauricio Vargas Linares.

En ese momento, el novelista caribeño gozaba de un prestigio internacional y de los frutos que dejaban las regalías de su obra macondiana, por lo que podía soñar con libertad en su anhelo de fundar este periódico en su tierra. No quería, eso sí, acercarse a sus antiguas casas periodísticas, como *El Espectador* o *El Heraldo*, pues conocía sus secretos y sus vicios. Él quería influir hasta en el cabezote o las fotografías de su nueva empresa periodística. Deseaba marcar para siempre a un grupo de reporteros sin la fatiga de los años, alimentar su amor por el oficio.

"Su planta de redacción estará constituida por periodistas menores de treinta años".

Como sabía que en cualquier momento se podía ganar el Premio Nobel, su problema no era económico sino de satisfacer algunos sueños inconclusos. De forma romántica, Gabo soñaba con un periódico bien informado, bien escrito o que, si un personaje o un tema ameritaba una entrevista de doble página lo hacía, pero no artículos largos por llenar espacios.

Así quedó establecido en el acta de principios del periódico *El Otro*, realizada en la cita en Barcelona y firmada por Mauricio Vargas:

El Otro *será un periódico tabloide, que utilizará el formato del diario italiano* La República, *estará impreso en papel blanco, 48,8 fino, y será editado en Bogotá y tirado simultáneamente en Medellín, Cali y Barranquilla, con una circulación inicial de 100 000 ejemplares.*

Su edición diaria no registrará todas las noticias de las anteriores 24 horas, ni siquiera presentará "la mayor cantidad posible", pero contará, narrará las mejores, mostrando siempre el lado que los demás medios olvidan en su loca carrera por atrapar la "chiva".

Su planta de redacción estará constituida por periodistas menores de treinta años, que deberán entrenarse en la creación y utilización de un estilo de narración de las noticias que tendrá en cuenta que la radio, la

*televisión y los otros periódicos repiten al público los mismos sucesos, de la
misma manera.*

*El Otro no tendrá columnistas ni editoriales y estos últimos solo se
presentarán, en primera página, cuando un hecho sea tan importante que
lo justifique plenamente.*

*Dos fotógrafos de planta tendrá El Otro, pero todos los redactores
"andarán armados" de una cámara automática, de manejo sencillo.*

*Solo se publicarán fotografías que sean realmente noticia y se
desecharán las fotos conocidas y repetidas de un gobernador jurando en su
posesión o de dos cancilleres saludándose, a menos que el gobernador se
juramente con la mano izquierda o uno de los cancilleres haga una mueca
despectiva mientras saluda a su colega.*

Todos estos aspectos innovadores en el tabloide de Gabo, como la idea de
un equipo de periodistas multimedia, se desinflaron con la entrega del premio, el
14 de diciembre de 1982. Él sabía que la fama no lo dejaría culminar un proyecto
tan local, siendo ahora un personaje universal. "Coño, el Nobel va a joder a *El
Otro*", reconoció tiempo después.

–¿Por qué Gabo?
–Chico, porque entro en un año sabático y voy a ser una reina de belleza que
me van a estar llamando para entrevistas, fotografías, autógrafos, firma de libros,
invitaciones por aquí, invitaciones por allá. ¿A qué horas voy a sacar yo tiempo
para el periódico?

Lo curioso del asunto es que ya habíamos constituido una escritura pública en
una notaría en Bogotá, con un pequeño capital que se invirtió en asuntos administra-
tivos. De todas formas seguimos adelante, alentados por un Gabo célebre que incluso había prometido parte del dinero del Nobel para el diario. Todavía me acuerdo de
esa conversación que terminó con una sentencia de Mercedes Barcha, su esposa: "Ni
se te ocurra. Aquí la plata la manejo yo y no vamos a arriesgar ni un peso".

RODOLFO H. TERRAGNO
11 Bourchier Close
SEVENOAKS
Kent   TN13 1PD
Inglaterra

6 de agosto de 1983

Querido Gabo:

Quiero resumir mis conclusiones:

1. EL DIARIO QUE IMAGINAMOS ES POSIBLE Y DESEABLE EN COLOMBIA.
Creo que sería posible aun si no fuera tu diario. Contigo, sería
mucho más que un diario: un fenómeno cultural, una fuerza movili-
zadora de   inteligencia. Se convertiría, de inmediato, en una
fuente de validación: nada merecería el adjetivo importante hasta
que no apareciera en El Otro.
  El servicio de "sindicación" y los libros, además de citas espon-
táneas, llevarían el fenómeno fuera de Colombia y harían crecer su
prestigio en sitios diversos.
  Periodistas, los habría: hemos comprobado que existen la capacidad y las ansias, y --por lo dicho-- también habría el misticismo
necesario.

2. CON TODO, SIGO CREYENDO QUE --SI NO MODIFICAS EL PROYECTO--
NO DEBES SEGUIR ADELANTE. Tu idea es entregarte al diario, al
menos por un tiempo. En esa entrega, arriesgarías demasiado.
  Quienes sueñan con un diario (quizás haya sido tu propio caso en el
pasado) aspiran a ser oídos, a ser apreciados, a ser citados; a
influir, a orientar, a dejar su impronta en la sociedad a la que pertenecen. Buscan, en suma, prestigio y poder. En tu caso, prestigio
y poder sería el capital que arriesgarías, y que difícilmente pudieras multiplicar. Quizás el diario aumentara tu poder, haciéndolo
más tangible, preciso y eficaz; pero esto sólo cuenta si --aun cuando
deseches la posibilidad de ser protagonista-- aspiras a un rol político.
  Estoy tratando de hacerme cargo de tu egoísmo. Con el mío, te incitaría a seguir: un medio de la trascendencia que tendría El Otro serviría a mi prestigio, sin costo para mí. Yo tomaría parte del crédito
y no correría riesgo alguno. Sin embargo, creo que este negocio, que
para mí sería pura ganancia, para ti sería pura pérdida.
  Te sujetaría a Colombia, te obligaría a seducir a sus ricos, te forzaría a chapalear en un barro cotidiano hecho de fallas mecánicas, proble-

Carta de Rodolfo Terragno enviada a Gabo sobre la viabilidad del periódico.

{ **"Coño, el Nobel va a joder a *El Otro*", reconoció tiempo después.**

Con el freno de la Gaba y el cúmulo de eventos en los que el personaje principal de esta historia acudía por su gloria, el proyecto empezó a quedar en el olvido del nobel sin una ruptura abrupta. De vez en cuando Gabo pedaleaba el sueño de *El Otro* y enviaba mensajes alentadores, como en una entrevista con *El País*, de España, donde reveló su deseo periodístico de llevarlo a cabo, pero en realidad el sueño se veía cada vez más lejano.

Se dio cuenta de que el periodismo que amaba era tan exigente, tan meticuloso en el detalle, tan riguroso en el dato, tan obsesivo con el trabajo bien escrito, que no sería capaz de asumir esas banderas a larga distancia. Gabo era un hombre extremadamente perfeccionista. Él lo contó varias veces en su forma de escribir. Se sentaba al frente de la máquina de escribir marca Olivetti y en lugar de tachar y seguir la escritura de un párrafo, sacaba la página y la volvía a escribir.

Para sumar argumentos en contra, uno de los alfiles argentinos del proyecto, Rodolfo Terragno, escribió una carta sísmica que influyó en la voluntad del colombiano.

6 de agosto de 1983

… CON TODO, SIGO CREYENDO QUE – SI NO MODIFICAS EL PROYECTO – NO DEBES SEGUIR ADELANTE.
Tu idea es entregarte al diario, al menos por un tiempo. En esa entrega, arriesgarías demasiado.

Quienes sueñan con un diario (quizás haya sido tu propio caso en el pasado) aspiran a ser oídos, a ser apreciados, a ser citados; a influir, a orientar, a dejar su impronta en la sociedad a la que pertenecen. Buscan, en suma, prestigio y poder. En tu caso prestigio y poder sería el capital que arriesgarías, y que difícilmente pudieras multiplicar. Quizás el diario aumentara tu poder, haciéndolo más tangible, preciso y eficaz; pero esto solo cuenta si —aun cuando deseches la posibilidad de ser protagonista— aspiras a un rol político. Estoy tratando de hacerme cargo de tu egoísmo. Con el mío, te incitaría a seguir: un medio de la trascendencia que tendría El Otro serviría de prestigio, sin costo para mí. Yo tomaría parte del crédito y no correría riesgo alguno. Sin embargo, creo que este negocio, que para mí sería pura ganancia, para ti sería pura pérdida.

Te sujetaría a Colombia, te obligaría a seducir a sus ricos, te forzaría a chapalear en un barro cotidiano hecho de fallas mecánicas, problemas de liquidez y conflictos laborales. Esos tres años que te has propuesto, no serían como otros períodos de abstinencia literaria: aquellos fueron años de siembra. Las obras necesitan ser gestadas, y el tiempo de gestación puede, en algunos casos, ser dilatado. Esto sería distinto: significaría un paréntesis; ocupar conciencia y subconsciente en las faenas de una empresa.

¿Qué obtendrías a cambio?

Poner tu sello de calidad a escritos que, en su mayoría, harán otros, y que —aun si formamos una redacción brillante— a menudo estarán bajo el umbral de tu talento.

Tener una tribuna en lugar de tenerlas todas.

Devaluar tu imagen, porque la familiaridad siempre devalúa, y uno termina empequeñecido por las pequeñeces inevitables de toda rutina colectiva.

Supongamos que nada de eso te importa. Tu proyecto no se funda en el egoísmo sino, al contrario, en cierta forma de altruismo: ahora que, como escritor, ya no te quedan cumbres por escalar, sientes la necesidad de hacer un sacrificio. Esa sociedad, a la que sigues perteneciendo, requiere esa revolución que tú puedes suscitar con un diario y, entonces, tú estás dispuesto a inmolar el nobel chulesco y ecuménico para sustituirlo (siquiera temporalmente) por un editor afanoso, ermitaño de Bogotá, que lidia de sol a sol con los fastidios de una rutina.

Pues bien, también en ese caso voto en contra. Aun aceptando que tuvieras un débito (y no un crédito) en tu cuenta con Colombia, creo que el diario no sería el único modo de saldar. Otras iniciativas (e incluyo entre las posibles la del taller de periodismo) supondría menos sacrificios innecesarios.

Rodolfo Terragno

El proyectil epistolar hizo un daño incalculable en la esperanza de *El Otro* justo antes de nacer, sumado a la negativa monetaria de Mercedes. Su mente agorera empezó a sentir que se estaba quedando sin oxígeno, que el periódico no salía y que el ambiente se había enrarecido muchísimo en Colombia. Al punto de que, unos años después, cuando hablábamos de la frustración por no haber sacado el periódico adelante me confesó: "Sabes que la vida ha sido generosa con nosotros, porque si hubiéramos hecho *El Otro* nos hubieran matado a todos, porque ese era el ambiente en Colombia". Era la época en que la sociedad se empezó a radicalizar con el narcotráfico, luego con el exterminio de la gente de la Unión Patriótica y todo lo que olía a izquierda, a sindicalismo.

Lo cierto es que Gabo nunca quiso enterrar el periódico, no se liquidó la sociedad, todavía está viva según las escrituras. Él pedía un poco más de paciencia por el año sabático: "Ya veremos, es que hay que irlo definiendo con las circunstancias y la coyuntura".

Quizás su empeño iba más allá de hacer el mejor periódico de América Latina, sino que buscaba preparar excelentes periodistas y trabajar de la mano con ellos. Cuando estuvo de visita en las instalaciones del periódico *El Mundo* en octubre de 1983, aparte de reunirse con los socios y disipar dudas, se trasladó a la redacción y estuvo cuatro horas con los periodistas, corrigió pies de notas, pie de fotos, titulares, leía los textos y los increpaba ante un mal cierre.

De alguna forma, el sueño frustrado del periódico es el motor inicial de la Fundación Nuevo Periodismo Iberoamericano, que pudo edificar años después. Suplió entonces el objetivo de crear una escuela del periodismo a través

≈ Formación de periodistas ≈

"La primera semana serán clases de ética por encima de clases de redacción. En contra de que se use grabadoras sin autorización de la gente. ¡Advierto: el que lea un documento al revés o lo sustraiga, lo boto, lo echo! La regla de oro será la de siempre: la caballerosidad y la del respeto por la fuente".

— *GGM*

del periódico, ya que era un profesor innato que respiraba felicidad dando clases, entregando las lecciones del oficio. Gabo era generoso en sus expresiones y duro en sus exigencias, por eso no descansó hasta tener el espacio real de una escuela para preparar a los mejores periodistas de todo el continente. Y lo cumplió.

● ● ●

La parranda en
4
LA NIEVE

"El premio que acabo de recibir lo entiendo, con toda humildad, como la consoladora evidencia de que mi intento no ha sido en vano. Es por eso que invito a todos ustedes a brindar por lo que un gran poeta de nuestras Américas, Luis Cardoza y Aragón, ha definido como la única prueba concreta de la existencia del hombre: la poesía. Muchas gracias".

(Discurso en la entrega del Premio Nobel, 1982)

La parranda en la nieve

El Gabo que conocí fue un hombre cómplice, sin esos paños tibios que a veces cubren una amistad. Para pertenecer a su círculo privado había que caerle en gracia por alguna razón. Por ejemplo, le interesaba el punto de vista profesional o político de alguien. O podía ser una característica duradera, como la ideología o una posición férrea, que en términos simples se reduce a la empatía de los seres humanos. Gabo lo deja a "la suerte de la vida y al buen criterio para decir lo que piensan, así sea doloroso".

Después, ese afecto debía superar el filtro de Mercedes. Nadie pudo ser su amigo sin el visto bueno de la Gaba, de la misma manera que ella era la encargada de sus asuntos terrenales, como ser su ministra de Hacienda. Y justamente todas las personas que estábamos presentes el día que recibió la noticia del Premio Nobel, el 21 de octubre de 1982, formábamos parte de su corte más cercana, con la bendición de su mujer.

Hoy pienso que no fue casualidad que estuviéramos con José Vicente Kataraín en esos días de otoño mexicano. Ibamos rumbo a Estados Unidos con el fin de analizar una maquinaria para nuestro proyecto del periódico *El Otro*, pero él nos pidió que adelantáramos el viaje y pasáramos unos días por su casa, sin anunciarnos sus premoniciones festivas. No sabíamos a ciencia cierta que Gabo recibiría la llamada de la Academia Sueca, y menos que terminaríamos celebrando en la suite del piso 20 del hotel Presidente Chapultepec en la capital federal, junto al pintor Alejandro Obregón, Álvaro Mutis y Danilo Bartulín, médico del expresidente chileno Salvador Allende, entre otros personajes.

Eso transcurrió en la habitación 2026, al mismo tiempo que García Márquez hacía el primer brindis. Levantó su copa ante los presentes y aclamó: "Brindo por mis amigos, ¡Viva Colombia, Viva México", a lo que Fernando Gómez Agudelo, su esposa María Teresa, Danilo Cornelín, Guillermo Angulo y Mercedes Barcha de García respondieron afirmativamente. Acto seguido, agregó: "Vamos a poner de moda la felicidad".

La parranda en la nieve

Celebración
Nobel

Gabo

Estocolmo,
Suecia

1982

Vallenato

Parecía que la parranda estaba planeada con antelación. Tal cual era el mejor novelista que ha dado Colombia, todo lo manejaba con milimetría de matemático. En alguna entrevista yo había leído que a él no le importaba el premio mayor, pero ese era un rasgo de su personalidad en el que se deduce que era ávido de reconocimiento, por más que lo negara. Cinco días antes yo le había preguntado por el Nobel, y él tomaba el camino de la evasión: "No hombre, qué va, eso se lo dan a los viejitos o a los desconocidos".

Pero apenas llegamos a la capital federal nos adelantó que ibamos a recibir una llamada suya para celebrar el anuncio más esperado de su vida. Y ahí fue donde no podía salir del asombro por lo que ibamos a vivir. Cargué mis cámaras para todos lados —como si trabajara en una agencia de noticias—, y por eso tengo el registro fotográfico de las primeras horas de celebración.

Fue un día colmado de alboroto, como quedó estampado en un crónica para *El Mundo*:

Cuando sonó el teléfono, a las seis de la mañana, desde Estocolmo, interrumpiendo sus sagradas horas de sueño, García Márquez en realidad solo había dormido dos horas.

La noticia realmente se la había anticipado un íntimo amigo suyo desde las dos de la tarde. A partir de ese momento se sentó a esperar, como el coronel a que le escribieran, a que lo llamaran desde la Academia Sueca. Hasta que lo despertaron y le dijo a Mercedes, su inteligente esposa desde hacía 25 años: "Lo que faltaba, el Nobel".

Cuando los teletipos y medios de comunicación de todo el mundo difundieron la noticia, su casa se llenó de periodistas. La televisión sueca, la francesa, la italiana; enviados especiales desde Estados Unidos; corresponsales latinoamericanos acreditados en México y, minutos después, el director de El Mundo. *A todos los atendió en bata de baño. Con ninguno tuvo inihibición. Las puertas de su residencia se abrieron de par en par contrariando una norma sagrada de toda su vida: que la intimidad le pertenece.*

> La gente quería ir a ver cómo era la entrega de un Nobel en la nieve. Eso fue un fiestón con acordeones.

Desayunamos en su casa del barrio Pedregal de San Ángel y nos tomamos varias fotos para la posteridad. Las primeras manifestaciones no se hicieron esperar en las afueras con letreros, flores amarillas. Estaba tan contento que nos adelantó que seríamos sus invitados especiales en la entrega del galardón en el invierno de Suecia. Gabo, como nunca, tuvo que interrumpir al menos por ese día su agenda con la máquina de escribir. La ocasión valía el desorden.

Sus dos secretarias, Teresa Ortiz Argüeyo y Ubalda Martínez, tampoco tuvieron tiempo para cumplir sus labores cotidianas esa mañana de jueves. No pudieron cocinar u ocuparse de oficio distinto al de atender el teléfono, y decir que "el señor no está". El que sí pudo contactarse fue el presidente de Colombia, Belisario Betancur, quien lo felicitó y le dijo: "Lo esperamos pronto", momentos antes de que el hilo colapsara y no pudiera atender más llamadas. El mandatario le envió un ramo de orquídeas, que se puso en el centro de la mesa principal.

Su hijo Gonzalo se había enterado del premio por televisión y quedó sobrecogido. Cuando llegó a sus clases en Estados Unidos, el profesor de Letras de Harvard le habló a sus alumnos: "Aquí tenemos al ilustre hijo del nuevo Nobel de Literatura". Aplausos. La verdad es que casi nadie sabía quién era su padre, porque siempre manejó un bajo perfil para no abusar del prestigio del "mamador de gallo", y ese detalle hacía hinchar el pecho a Gabo.

Además de conversar con sus dos hijos, intentó el contacto con su madre, Luisa Santiaga, que estaba en Colombia y casi no la pudo conseguir. Gabo confesó que ella había puesto una vela para que no le dieran el galardón, porque decía que "a todo el que se lo dan, se muere". Y además, le pidió que con el premio le arreglara su teléfono cartagenero que estaba con serios problemas desde hacía tres meses. En el medio, seguí con mi papel de reportero gráfico.

—Si me sigues tomando fotos te destituyo de director y te nombro fotógrafo del periódico— me dijo, para que frenara los disparos de mi cámara.

—¿Con quién quieres estar en este momento?– repliqué.

—Con alguien que no me haga preguntas.

—¿Ahora qué vas a hacer, Gabo?

—Lo mismo de antes, vender mis libros desde la máquina de escribir.

Hasta ese momento el homenajeado no había tomado una gota de alcohol, pero cuando sus amigos empezaron a invadir la casa blanca, llegó el trago. Se discutió el destino del dinero del premio, unos 200 000 dólares de esa época y Mercedes puso la lápida: "Esa plata no se invertirá en el nuevo periódico". Y se habló sobre el traje, donde sopesó que podría usar esmoquin con una rosa amarilla o una guayabera como en el Caribe, que al final terminó en el famoso liqui liqui.

Recordó una anécdota de la época en que llegó por primera vez a México, en 1961, con cien dólares en el bolsillo. "Algún día seré el mejor escritor del mundo", sostuvo aquella vez. En el fondo quería evocar la tozudez para lograr sus objetivos, sin ocultar sus aires de grandeza. Ya estaba escrito que en estos días el maestro también recibiría la orden Águila Azteca, del gobierno mexicano, por su papel como intelectual en la cultura de ese país. Se puso corbata.

En la madrugada de ayer viernes, a las dos de la mañana, Gabriel García Márquez regresó a su casa de una fiesta en la residencia del escritor Álvaro Mutis, encontró pintada sobre el piso, en pintura trazada a brocha gorda, la siguiente leyenda: "¡Felicidades! ¡Te amamos!". Entonces el cuarto premio nobel de literatura de América Latina se emocionó de verdad. Nunca supo quién había escrito la leyenda, pero le llegó al alma. Se retiró luego a su cuarto de estudio. Escribió la cuartilla y media que leyó como respuesta al gobierno mexicano en el acto de entrega del Gran Cordón del Águila Azteca, en ceremonia que se realizó a las 10 de la mañana en el Palacio de Los Pinos.

El solo anuncio del Nobel se convirtió en un acontecimiento nacional, una noticia de gran impacto en Colombia y en México. De inmediato se organizaron varios vuelos en avión para el arribo de Macondo a la ceremonia nórdica, mientras

⇒ El anuncio ⇐

La noticia realmente se la había anticipado un íntimo amigo suyo desde las dos de la tarde. A partir de ese momento se sentó a esperar, como el coronel a que le escribieran, a que lo llamaran desde la Academia Sueca. Hasta que lo despertaron y le dijo a Mercedes, su inteligente esposa desde hacía 25 años: "Lo que faltaba, el Nobel".

el autor se empeñaba en escribir un discurso magistral, que intentara la perfección literaria, y que en realidad sería revisado antes por Álvaro Mutis y Fidel Castro.

La gente quería ir a ver cómo era la entrega de un Nobel en la nieve. Eso fue un fiestón con acordeones. Un cuento de hadas. Los amigos viajamos desde distintos lugares: unos de Bogotá; Mutis, el arquitecto Hernán Vieco y señora, Ana María Gutiérrez, desde México. Algunos que estaban en España, como su editora Carmen Balcells; otros de la época sufrida de Gabo en París. Entre todos, hicimos una gran parranda que nunca se nos olvidará y que quedó registrada en diversos artículos, escritos como enviado especial de *El Mundo*, desde Estocolmo.

Gabo entre la nieve, la fiesta y su discurso

Periódico El Mundo, *10 de diciembre de 1982*

Con sus amigos, con los vallenatos y tomando whisky pasó García Márquez sus horas después del bien logrado discurso que pronunció en la Academia

Sueca de las Letras, y pocas horas antes de recibir el Nobel. Mientras tanto, las calles de la nórdica Estocolmo comenzaban a cubrirse de nieve.

—¿Le hiciste correcciones de última hora a tu discurso?

—Soy perfeccionista, exageradamente perfeccionista. Me gusta el trabajo bien acabado. Desde luego, desde que terminé la conferencia le introduje muchas correcciones, y en el mismo momento de la lectura le agregué varias palabrejas sobre la marcha. Me di cuenta que le faltaban y entonces se las agregué, pero nada fundamental.

—¿Esta vez rompiste con el hechizo y los agüeros? ¿Mostraste tu discurso a algunas personas antes de leerlo en la academia?

—Es verdad, pero como no se trataba de ninguna novela…

En efecto, Gabriel García Márquez le dio a conocer el original de su disertación a algunos de sus amigos. Fidel Castro, por ejemplo, con quien estuvo en La Habana por espacio de tres días antes de tomar el avión que lo traería rumbo a la capital de Suecia, el pasado martes 7 de diciembre. Es un hecho, Gabo está encarretado. Horas antes había dicho que quería celebrar el Nobel con una pachanga. Y así lo hizo.

Primero con los grupos folclóricos colombianos en un teatro público de la ciudad, el Ossa Gymnasium. Y luego, con siete personas más en el cuarto de su hotel, conversando de esto, de aquello y de lo demás, con una botella de whisky y con mucho hielo.

—¿Cuál es tu interpretación personal de tu propio discurso?

—Es muy clara: el discurso aclara y precisa *Cien años de soledad*. Esa fue la motivación fundamental que tuve. Perfectamente puede ser el prólogo de la obra.

Entonces, Gabo toma de nuevo el original y señala los párrafos que más le gustan. Curiosamente son los mismos que al resto de sus contertulios:

"Me atrevo a pensar, que es esta realidad descomunal, y no solo su expresión literaria, la que este año ha merecido la atención de la Academia Sueca de Letras. Una realidad que no es la del papel, sino que vive con nosotros y determina cada instante de nuestras incontables muertes cotidianas, y que sustentan un manantial de creación insaciable, pleno de desdicha y de belleza, del cual este colombiano errante y nostálgico no es más que una cifra más señalada por la suerte. Poetas y mendigos, músicos y profetas, guerreros y malandrines, todas las criaturas de aquella realidad desaforada hemos tenido que pedirles muy poco a la imaginación, porque el desafío mayor para nosotros ha sido la insuficiencia de los recursos convencionales para hacer creíble nuestra vida. Este es, amigos, el nudo de nuestra soledad".

Creación: vida

Despues de beber un whisky Gabo lee el párrafo final de su discurso, el que más le llegó: "Un día como el de hoy, mi maestro William Faulkner dijo en este lugar: 'Me niego a admitir el fin del hombre'. No me sentiría digno de ocupar este sitio que fue suyo sino tuviera la conciencia plena de que por primera vez

Diciembre, 1982

Celebración

Gabo

Estocolmo

Escalona

⋙ El discurso ⋘

García Márquez tardó un mes para escribir el discurso pronunciado ayer ante la Academia Sueca. "Me sentí profundamente tranquilo. Fue peor que escribir *Cien años de soledad*", declaró para *El Mundo*.

desde los orígenes de la humanidad, el desastre colosal que él se negaba a admitir hace 32 años es ahora nada más que una simple posibilidad científica. Ante esta realidad sobrecogedora que a través de todo el tiempo humano debió de parecer una utopía, los inventores de fábulas que todo lo creemos nos sentimos con el derecho de creer que todavía no es demasiado tarde para emprender la creación de la utopía contraria. Una nueva y arrasadora utopía de la vida, donde nadie pueda decidir por nosotros hasta la forma de morir, donde de veras sea cierto el amor y sea posible la felicidad, y donde las estirpes condenadas a *Cien años de soledad* tengan por fin y para siempre una segunda oportunidad sobre la tierra". (Vale la pena recordar que de todo el discurso ante los académicos está última frase fue la que leyó con más fuerza e ímpetu.)

La entrega

¿Oye Gabo, qué es más difícil, ganarse el Nobel o administrarlo?

García Márquez no responde, ríe a carcajada suelta. Sin cálculo. A las cuatro y cuarto de la tarde será la entrega oficial de los premios. Él lo recibirá en cuarto lugar, luego de los de química, física y medicina. A las seis y media de la tarde será el banquete real en el ayuntamiento. Habrá brindis por su majestad el rey Carlos Gustavo y de este por la memoria de Alfred Nobel.

La rumba

El miércoles en la noche, después de la lectura de su conferencia, Gabo y su esposa Mercedes (La Gaba de toda su vida), comieron con los integrantes de la Academia Sueca de Letras.

¿Muy viejitos? "Había de todo. Muy buena gente".

¿De qué hablaron? "De literatura sueca. Venía preparado…".

Luego, a las once de la noche, el premio nobel de literatura se presentó vestido sin corbata pero de fino abrigo azul oscuro, ante escaso público sueco y ante nutrido público latinoamericano que disfrutaba de la primera presentación de los músicos colombianos.

Fue recibido con rosas amarillas, con abrazos, con cámaras de televisión, con aplausos, con cámaras fotográficas, al son de los acordeones y las guacharacas; Gabo firmo autógrafos, su mano la extendió luego una y cien veces.

Entonces bailó al ritmo de Escalona, de sombrero sabanero. La gente coreó y se formó una rueda a su alrededor, en un espectáculo de gran colorido. La fiesta fue total.

A las doce y media de la noche Gabo se retiró como pudo. Literalmente se fugó hacia su hotel.

"Fue peor que escribir *Cien años de soledad*"

Periódico El Mundo, *9 de diciembre de 1982*

Un discurso de seis páginas y media, de contenido profundamente político y corte eminentemente literario, cien ruanas blancas con una oveja negra discretamente impresa en el costado izquierdo, 65 trajes caribeños multicolores y 200 mariposas amarillas, rompieron ayer en Suecia el gélido invierno de 5 grados bajo cero y dieron paso a la celebración de los premios Nobel que otorga la Academia Sueca desde hace 83 años.

García Márquez tardó un mes para escribir el discurso pronunciado ayer ante la Academia Sueca. "Me sentí profundamente tranquilo. Fue peor que escribir *Cien años de soledad*", declaró para *El Mundo*.

Durante el acto de su magistral conferencia, la misma que provocó toda clase de positivos comentarios entre las seiscientas personas que se encontraban en la sala, llevó igualmente la palabra el secretario permanente de la Academia Sueca, señor Lars Gyllensten. Este, en una breve intervención, expuso los méritos de García Márquez y dijo que "sus novelas y cuentos son ciertamente de un valor general, es decir, tienen un alcance humano y un significado universales. Pero no son abstractos. Sus obras se distinguen, muy al contrario, por una extraordinaria expresividad y una concreción realista a las que ningún resumen abstracto pueda hacer justicia".

Las primeras filas fueron ocupadas por sus amigos personales Guillermo Angulo, Álvaro Mutis, Fernando Gómez Agudelo y Álvaro Castaño. Así como por el embajador de Colombia en Estocolmo y representantes del cuerpo diplomático latinoamericano.

Música colombiana

En el aspecto musical, el espectáculo colmó todas las expectativas. Sesenta y cinco músicos, seleccionados y pagados por Colcultura y la empresa privada se "tomaron" a Estocolmo y llamaron la atención de los escasos transeúntes que se ven en las frías y limpias calles centrales de la ciudad. Un conjunto vallenato integrado por Colacho Mendoza, Poncho Zuleta, Adam Montero y Pablito López hizo las delicias en un teatro público de Estocolmo.

Otro conjunto llanero, "Los Copleros del Tranquero", la Negra Grande de Colombia, Totó la Momposina y el grupo de danzas folclóricas de Barranquilla arrancaron a los asistentes su entusiasmo. Al final del espectáculo pudimos apreciar a varios suecos intentando bailar vallenato o salsa, pero sus pesados zapatones de invierno les dificultaron su propósito.

García Márquez no ha sido tentado aún por el virus de la fama. Cada día que pasa se le ve más sencillo y descomplicado. A sus amigos los saluda con la misma calidez y buen humor de siempre y a todos atiende por igual.

Sí, digámoslo de una vez: el discurso del premio nobel de Literatura perfectamente se puede enmarcar como un capítulo más de *Cien años de soledad* o de cualquiera de sus obras. En cada frase está la magia, en cada línea salta la realidad bellamente narrada e interpretada.

Gabo, el nobel que no olvidará Suecia

Periódico El Mundo, *11 de diciembre de 1982*

En una imponente ceremonia de una hora y cuarenta minutos de duración recibió ayer el Premio Nobel de Literatura el colombiano Gabriel García Márquez. El acto fue presidido por su Majestad el Rey de Suecia, Carlos Gustavo XVI, y por su señora, la Reina alemana Silvia, quien lucía hermosa y joven.

Mientras que los seis nobeles, física, química, medicina (tres) y economía, se presentaron al vetusto y feo salón de los conciertos vestidos en frac, el hijo de Macondo lo hizo en liqui liqui de color blanco con botas negras de cierre. "El liqui liqui tiene un gran parecido con la indumentaria hindú y fue usado en Colombia cuando la guerra civil de comienzos del siglo. Hoy se le puede apreciar en los llanos orientales limítrofes con Venezuela y en algunos lejanos poblados de la costa atlántica". Este año la Academia Sueca hizo una excepción con Gabo y lo exoneró de vestir con el desusado colepato en atención a que él alegó que el liqui liqui era un traje nacional propio del Caribe.

Durante la rigurosa y sobria ceremonia, la Orquesta Filarmónica de Suecia interpretó varias composiciones originales de las naciones de los laureados, con excepción de Colombia, pues en concepto del secretario de la Fundación Nobel,

Gabo, el Nobel q Suecia jamás olvi

Ignacio Arizmendi Posada (Enviado

...o, 11— En una imponente ce-
...a de una hora y cuarenta minu-
... duración recibió ayer el Premio
... de Literatura el colombiano
... García Márquez. El acto fue
... por su majestad el Rey de
... Carlos Gustavo XVI y por su
... Reina alemana Silvia, quien
... hermosa y joven.
... premiación de los Nobel se hi-
... presentes reyes, príncipes, prin-
... ministros de estado, embajado-
... cinco continentes y casi mil
... personas más, la mayoría
... entes de Europa y América La-
...

... que los seis Nobel —física,
... medicina (tres) y economía—
... aron al vetusto y feo salón de
... ciertos vestidos en frac, el hijo
... do lo hizo, en "liquiliqui" de
... blanco con botas negras, de
... "El liquiliqui" tiene un gran
... con la indumentaria hindú y
... ... da en Colombia cuando la
... civil de comienzos del siglo.
... puede apreciar en los Llanos
... limítrofes con Venezuela y
... lejanos poblados de la Cos-
...ca. Este año la Academia
... una excepción con Gabo y
... ... de vestir con el desusado
... en atención a que él alegó que
...iliqui" era un traje nacional
... del Caribe.

... empezó con diez minutos de
... Cuando el salón de tres pisos
... ... raba completamente colma-
... trompetas anunciaron la
... ...nfal de su majestad el Rey
... Gustavo. A continuación lo hi-
... ...iva y unos minutos más tar-
... ...mios Nobel. Gabo lo hizo en
... ... lugar, y al lado de los demás
... ... veía diminuto, la verdad sea
... ...raba en su mano una rosa
... ... misma que conservó du-
... ... parte de la ceremonia y
... ... avemente en una mesa que
... ...ado, al final de la misma.
... pudieron apreciar los tele-
... ... de Europa que estaban pre-
... ... el tradicionaal certamen que
... ... desde 1901, y tal como se
... ... seguramente en Colom-
... ... fue el Nobel que más sim-
... ...plausos arrastró de parte del

porteros. Obedientes y humildes reci-
bieron en silencio las instrucciones de
sus "jefes". Y al final del acto, lo de
siempre: García Márquez se robó el
"show". En el estuche en donde se encontraba una medalla simulada como
la que recibiría cinco horas más tarde,
Gabo encontró una rosa de color ama-
rillo. Se emocionó tanto que se volteó
frente al escaso público presente, hizo
de cuenta que el teatro estaba completamente colmado, y la agitó con
energía. A continuación el resto de sus
compañeros de Nobel sacó libros de
García Márquez de sus portafolios, y
como si se hubieran olvidado de su
condición, le solicitaron con humildad
y presteza a Gabo que les firmara con
su autógrafo las obras que llevaban es-
condidas. El de economía, y el de
química le pidieron incluso dedicatoria
para sus esposas. Gabo les hizo caso
con mucho gusto, con su tradicional
malicia también.
Naturalmente Gabo en esta ocasión no
desperdició la oportunidad para saludar a sus compatriotas, y a cada uno
saludó de mano. A uno de los enviados
del colega "El Tiempo" le dijo que no
sufriera, que él sabría cómo hacer
quedar bien a Colombia en la recepción del galardón y que no haría
quedar mal a la patria.
A las doce y media del día se marchó
apresuradamente hacia su hotel. Tenía
que escribir su breve pero emotivo discurso del banquete, a modo de brindis.

TERCER ACTO
LA HORA DEL CARIBE

Terminada la fiesta de disfraces, en la
que los hombres lucieron sus fracs alquilados y las damas sus trajes largos,
así como sus piedras preciosas, un mil
trescientos invitados se trasladaron en
autobuses hacia la sede del ayuntamiento. Llovía levemente. Todo el día
había llovido. Incluso en este diez de
noviembre apenas hubo luz durante
tres horas. Auncuando se esperaba que
nevara, ello no sucedió.
Pero ni el frío de tres grados centígrados sobre cero, ni la romántica bruma,
ni los pesados abrigos de los transeúntes, atentaron contra la ceremonia
mítica de los Nobel. Esta es todo un ritual, una razón de ser de Suecia, un
motivo digno y noble de recordarle al
mundo que su país, de 8 millones de
habitantes, y 450.000 kilómetros

Y los 1.300 invitados se acomodaron
en las 66 mesas, la mayoría integradas
por invitados especiales, y unas pocas
por universitarios que pagaron cada
uno cuatro mil pesos colombianos por
persona. 66 meseros, uno por mesa,
atendieron durante dos horas a sus invitados, mientras otra orquesta in-
terpretaba un variadísimo y ameno
programa.
En la mitad del espectáculo le dieron
vía libre a los cinco grupos folclóricos
de nuestro país. La concurrencia
irrumpió en aplausos al ver el orden, la
disciplina y la alegría de cada uno de
los conjuntos. La vistosidad y la musi-
calidad le pusieron la carne de gallina a
más de un compatriota, y con su show
todas las normas de protocolo fueron
quebrantadas. El público llevó el ritmo
con el palmoteo de las manos,
mientras que de los costados del segundo piso salían y salían, salían y salían,
salían y salían, en una fila intermi-
nable, meseros y meseras, meseros y
meseras, más meseros y más meseras.

CUARTO ACTO
LA HORA DE LOS BRINDIS

Una vez retirados los colombianos de
las escaleras que sirvieron de escenario, tres trompetistas impecablemente
vestidos a la usanza hicieron sonar sus
clarines. El maestro de ceremonias
anunció que el primer Nobel en brindar sería Gabriel García Márquez. El
hijo de Macondo, todavía con su "liquiliqui" blanco, todavía con sus botas negras, de cierre, se dirigió, gafas
en mano, hacia la concurrencia. Y
dijo:
"Agradezco a la Academia de Letras
de Suecia el que me haya distinguido
con un premio que me coloca junto a
muchos de quienes orientaron y enriquecieron mis años de lector y de cotidiano celebrante de ese delirio sin apelación que es el oficio de escribir. Sus
nombres y sus obras se me presentan
hoy como sombras tutelares, pero también como la evidencia, a menudo agobiante, del compromiso con que se adquiere con este honor. Un duro honor
que en ellos me pareció de simple justicia, pero que en mí entiendo como una
más de esas lecciones con las que suele
sorprendernos el destino, y que hace
más evidente nuestra condición de juguetes de un azar indescifrable, cuya
única y desolada suele

mero está visitado por un
la empuja a navegar con su
temporal y alucinada. La
sostiene, en el delgado an-
s tercetos del Dante, toda la
sa y colosal de la Edad Me-
esía, que con tan evidente
grosa totalidad rescata a
mérica de las alturas de
u de Pablo Neruda el gran-
grande, y donde destilan su
lenaria nuestros mejores
alida. La poesía, en fin, esa
reta de la vida cotidiana,
s garbanzos en la cocina, y
amor y repite las imágenes
os.

línea que escribo trato
n mayor o mejor fortuna,
los espíritus festivos de la
to de dejar en cada palabra
io de mi devoción por sus
adivinación, y por su per-
ctoria contra los sordos po-
nuerte.

que acabo de recibir lo en-
toda humildad, como la
a evidencia de que mi in-
sido en vano. Es por eso
a todos ustedes a brindar
un gran poeta de nuestras
Luis Cardoza y Aragón, ha
mo la única prueba concre-
stencia del hombre: la po-
s gracias".

, después hablaron todos
bel. Y el más aplaudido de
de física, por su valerosa y
nuncia del armamentismo
do y por su voluntad de
e luchar el resto de su vida
agelo inmortal.

terminados los brindis, hi-
arición de los coros de la uni-
y entonaron sus cantos,

los universitarios presentes
, no sé por qué pero no era
rotesta. Y empezó el baile.
pareja real, con un vals.
rauss.

ACTO FINAL
RA DEL REGRESO

quete del Nobel no paró en
e Ayuntamiento. Gabo y su
nuaron en diferentes luga-
ba. Sin estridencias, Pero
ntusiasmo.

El premio Nobel de Literatura, Gabriel García Márquez, saluda jubiloso a la audiencia en momentos en que abandonaba la sala del Palacio del Concierto de Estocolmo, luego de recibir el galardón. El Nobel colombiano luce el 'liquiliqui' que utilizaron sus antepasados caribeños en la guerra de los Mil Días.

ya no será lo mismo que esta semana. Sus barcos continuarán anclados frente a sus muelles, o en alta mar, no importa el hielo. Su bruma será más densa, más penetrante. Los abrigos serán poca cosa para detener el frío. Y la luz alógena de los miles de vehículos que inundan sus calles no podrán en ningún instante transmitir la alegría y el espíritu. Bien lo dijo Olof Palme el jueves en la noche, en una comida privada que ofreció a los esposos García-Barcha: Nosotros, vuestros amigos suecos, esperamos fervorosamente que durante vuestra estadía percibáis la admiración y el respeto que nosotros sentimos por vuestra vida y por vuestro trabajo. Ojalá volváis. Con mucho gusto os mostraremos nuestro propio "Macondo" que se llama Ekeby y que se encuentra en la comarca de Losjo. "El cuento de Gosta Berling ha dado fama a esta región en las grandes multitudes de lectores y ha cautivado a muchos escritores en Latinoamérica. Con Latinoamérica en nuestros cora

ruda y un brutal ataque contra el dictador de Chile Augusto Pinochet, Olof Palme, el amigo de Gabo, el primer ministro de Suecia, ya ha empezado a recibir de algunos diarios de oposición críticas por lo que consideran ellos un "aprovechamiento político del premio Nobel".

Sí, Suecia el próximo lunes, día del regreso de García Márquez a España, no será lo mismo. Así haya nevado en la madrugada de este once de diciembre, así todavía se recuerde la imagen dulce y tierna de Gabriel García Márquez con una rosa amarilla en su mano derecha, así y todo, Suecia no será igual. Porque por primera vez en la celebración de los Nobel, el país ha vibrado. Un hombre extraordinario y fuera de serie, el Bolívar de la literatura latinoamericana, lo ha hecho vibrar.

Están tan felices y plenos los suecos, que con razón a un amigo se le salió en esta noche memorable una frase que resume todo el sentimiento de este no pudieron conseguir ninguna partitura apropiada para la magna festividad. En su lugar Gabo escuchó "Intermezzo Interrotto", de Bartok, uno de sus autores favoritos.

Segundo acto, la hora de Gabo

Si en el segundo acto del día pero primero de esta crónica, su majestad el Rey de Suecia fue siempre el Rey, en el primer acto, celebrado en las horas de la mañana, mas exactamente a las once, la figura central fue Gabriel García Márquez, el hijo de Macondo.

A la hora referida empezó el "ensayo general", con la asistencia de escasos cien periodistas, los maestros de ceremonias y oferentes de los cinco Nobel, y algunos amigos y parientes de los laureados. Ninguno llegó de frac, todos lo hicieron en traje de calle. Gabo se presentó con un vestido gris a cuadros, corbata verde y botas vinotinto. Por supuesto, acaparó toda la atención de los presentes. Fue la "vedette". Rey por media hora. Como si tratara de un certamen de belleza, desfilaron y posaron para los reporteros.

Tercer acto, la obra del caribe

Terminada la fiesta de disfraces, en la que los hombres lucieron sus fracs alquilados y las damas sus trajes largos, así como sus piedras preciosas, mil trescientos invitados se trasladaron en autobuses hacia la sede del ayuntamiento. Llovía levemente. Todo el día había llovido. Incluso en este diez de diciembre apenas hubo luz durante tres horas. Aun cuando se esperaba que nevara, ello no sucedió.

Pero ni el frío de tres grados centígrados sobre cero, ni la romántica bruma, ni los pesados abrigos de los transeúntes, atentaron contra la ceremonia mítica de los Nobel. Esta es todo un ritual, una razón de ser de Suecia, un motivo digno y noble de recordarle al mundo que su país, de ocho millones de habitantes y cuatrocientos cincuenta mil kilómetros cuadrados existe y vive. No importan la monotonía de sus calles, ni su soledad, ni la rutina de la lluvia.

⚥ El discurso ⚥

Estocolmo vive en el invierno para las entregas de los Nobel. Y este año, así lo demostró: solo que en la presente oportunidad su espectáculo, de por sí maravilloso, se llenó de luz y colorido, gracias a la presencia de la delegación de trescientos colombianos, que llenaron las calles con sus ruanas, sus tambores, sus acordeones, sin molestar a nadie, queriendo significar que la vida hay que vivirla con alegría y con entusiasmo.

Estocolmo vive en el invierno para las entregas de los Nobel. Y este año, así lo demostró: solo que en la presente oportunidad su espectáculo, de por sí maravilloso, se llenó de luz y colorido, gracias a la presencia de la delegación de trescientos colombianos, que llenaron las calles con sus ruanas, sus tambores, sus acordeones, sin molestar a nadie, queriendo significar que la vida hay que vivirla con alegría y con entusiasmo.

Cuarto acto, la hora de los brindis

Una vez retirados los colombianos de las escaleras que sirvieron de escenario, tres trompetistas impecablemente vestidos a la usanza hicieron sonar sus clarines. El maestro de ceremonias anunció que el primer nobel en brindar sería Gabriel García Márquez. El hijo de Macondo, todavía con su liqui liqui blanco, todavía con sus botas negras, de cierre, se dirigió, gafas en mano, hacia la concurrencia. Y dijo: "Agradezco a la Academia de Letras de Suecia el que me haya distinguido con un premio que me coloca junto a muchos de quienes orientaron y enriquecieron mis años de lector y de cotidiano celebrante de ese delirio sin apelación que es el oficio de escribir. Sus nombres y sus obras se me presentan hoy como sombras tutelares, pero también como la evidencia, a menudo agobiante, del compromiso que se adquiere con este honor. Un duro honor que en ellos me pareció de simple justicia, pero que en mi entiendo como una más de esas lecciones con las que suele sorprendernos el destino, y que hace más evidente nuestra condición de juguete de un azar indescifrable cuya única y desoladora recompensa suele ser la mayoría de las veces la incomprensión y el olvido.

"Es apenas natural que me interrogara, allá en ese trasfondo secreto, en donde solemos trasegar con las verdades más esenciales que conforman nuestra identidad, cuál ha sido el sustento constante de mi obra que pudo haber llamado la atención de una manera tan comprometedora a este tribunal de árbitros tan severo. Confieso, sin falsas modestias, que no me ha sido fácil encontrar la razón, pero quiero creer que ha sido la misma que yo hubiera deseado. Quiero creer, amigos, que este es, una vez más, el homenaje que se rinde a la poesía. A la poesía por cuya virtud el agobiante inventario de las naves que enumeró en su Iliada el viejo Homero está visitado por un viento que la empuja a navegar con su presteza intemporal y alucinada. La poesía que sostiene, en el delgado andamiaje, los tercetos del Dante, toda la fábrica densa y colosal de la Edad Media. La poesía, que tan eminente como milagrosa totalidad rescata a nuestra América de las alturas de Macchu Picchu de

Pablo Neruda el grande, el más grande, y donde destilan su tristeza milenaria y nuestros mejores sueños sin salida. La poesía, en fin, esa energía secreta de la vida cotidiana, que cuece los garbanzos en la cocina, y contagia el amor y repite las imágenes en los espejos.

"El premio que acabo de recibir lo entiendo, con toda humildad, como la consoladora evidencia de que mi intento no ha sido en vano. Es por eso que invito a todos ustedes a brindar por lo que un gran poeta de nuestras Américas, Luis Cardoza y Aragón, ha definido como la única prueba concreta de la existencia del hombre: la poesía. Muchas gracias".

Estaban tan felices y plenos los suecos, que con razón a un amigo se le salió en esta noche memorable una frase que resume todo el sentimiento de este pueblo acogedor: "Con tal de que vuelvan los colombianos a un Nobel el año próximo, se lo van a dar aunque sea a Germán Arciniegas".

La comida con los reyes

Gabriel García Márquez asistió en la noche de ayer, en unión de los otros premios Nobel, a una elegante cena que les fue ofrecida por el Rey de Suecia, Carlos Gustavo XVI y la reina Silvia. El nobel colombiano fue vestido de frac y no de liqui liqui, como lo hizo la víspera en el acto de entrega de las honrosas distinciones. Al ser consultado por los reporteros suecos del por qué de su determinación, García Márquez respondió que así lo exigía el riguroso protocolo sueco. "Yo asistí de liqui liqui a la otra ceremonia porque así me lo permitía el protocolo, pero a la comida con Su Majestad tengo que ir en el traje que él solicita", declaró.

"Me encantan las estampillas en mi honor, con tal de que sirvan para que con ellas se envíen muchas cartas de amor".

La noche del Nobel

Tal como lo habíamos anticipado en crónica anterior, después del banquete y del baile real, en la noche del viernes,

García Márquez y sus amigos coparon un salón del primer piso del Gran Hotel. Allí el nobel y su familia ofrecieron una recepción de gratitud y amistad hacia sus amigos y compatriotas que los habían acompañado a recibir el galardón en Estocolmo. Naturalmente la noche terminó a las seis de la mañana, en medio de una intensa lluvia, y cuando las calles de esta antigua capital estaban aún completamente desiertas.

García Márquez estuvo de magnífico humor toda la noche. A varias personas les narró más de una historia y también uno que otro chiste.

Al ser preguntado por el significado que tenía para él el lanzamiento de una estampilla que ha empezado a circular en Colombia por deseo del presidente Belisario Betancur, el nobel respondió de la misma manera que al jefe del Estado colombiano: "Me encantan las estampillas en mi honor, con tal de que sirvan para que con ellas se envíen muchas cartas de amor".

Espectáculo surrealista

El cuarto de la pareja García Barcha era todo un circo. Las rosas y claveles amarillos traídos recientemente desde Colombia por cortesía de una compañía productora de flores no cabían. Igualmente muchas personas amigas del célebre matrimonio se hicieron presentes con regalos y atenciones. Cada cinco minutos llegaba un telegrama distinto. O una carta. Y llamadas telefónicas por montones.

Lo más simpático: una foto histórica. García Márquez en ropa interior de algodón, larga, contra el frío, al lado de señorones de la costa atlántica y de la capital de la República. Es decir Macondo en su fina. El gran Macondo.

Sí, el gran Macondo

El más grande, serio e influyente diario de Suecia, el *Dagens Nyhetr* en su extensa crónica, al igual que amena, tituló: "Vestido de blanco, rosas y botas… en lugar de mariposas…" y describió todo el acto para concluir como cualquiera de los capítulos del laureado y afamado nobel de literatura: "Nada volverá a ser lo

⪦ La poesía ⪧

"El premio que acabo de recibir lo entiendo, con toda humildad, como la consoladora evidencia de que mi intento no ha sido en vano. Es por eso que invito a todos ustedes a brindar por lo que un gran poeta de nuestras Américas, Luis Cardoza y Aragón, ha definido como la única prueba concreta de la existencia del hombre: la poesía. Muchas gracias".

— *GGM*

mismo en el futuro. No, desde que Gabriel García Márquez y sus amigos colombianos han demostrado cómo celebrar un Premio Nobel. Los sesenta músicos y bailarines de Colombia hicieron que todos los asistentes al salón azul del banquete, el Rey y la Reina los primeros entre todos, personas solemnes y no solemnes, aplaudieran continuamente al ritmo de la música y de la fiesta. Así se hace".

● ● ●

25 AÑOS DE VICTORIAS

El Comandante y
5
GABO

—¿Tú por qué no hiciste desistir al Che de esa aventura —increpó Gabo a Fidel—, con salud precaria, con muchas enfermedades para mandarlo a una selva en Bolivia? Era la muerte segura. Yo no entiendo por qué no lo impediste...

—Tú no me puedes hacer esa acusación— se levantó el Comandante—, como si yo fuera el responsable de la suerte final del Che. Es injusto.

Un gran amigo llamado Fidel

Hay un pensamiento del escritor caribeño sobre su relación con Fidel Castro que yo le escuché y publiqué en algunas notas en el diario *El Mundo* de Medellín, a propósito de fechas significativas para el régimen cubano:

Me precio y enorgullezco de ser su amigo personal, desde hace bastantes años. Es un hombre íntegro, valiente, honrado. Al igual que él conozco los aciertos y las equivocaciones del régimen cubano, sus problemas y dificultades. Como amigo que soy de Fidel le he dicho lo que muchos no se atreven, le he indicado mi opinión sobre distintos aspectos de la revolución. Fidel jamás me perdonaría lo contrario, yo no soy incondicional de nadie, ni de García Márquez siquiera, solo de mis convicciones y principios.

De vieja data fue la relación del escritor con Cuba, como él lo comentó en muchas oportunidades. Quedó inserta en esa conexión su estadía en Nueva York como corresponsal de Prensa Latina, la agencia cubana de comunicación, donde su experiencia periodística fue un tanto convulsiva, tanto por la presión de los exiliados cubanos como por los llamados "dogmáticos", según llama su biógrafo Gerald Martin a los de línea dura que exigían más adjetivos revolucionarios en los textos redactados por el colombiano.

Solo años después reconocería esa carga periodística. Cuando ya había decidido ir a México a buscar un mejor futuro profesional, Gabo expuso las diferencias con los directivos de la agencia en cuanto a la pauta editorial que deseaban marcar en plena Guerra Fría. Se sintió incómodo, sin autonomía. Fue el primer roce con el sistema castrista, más allá de que siempre prefirió la cautela sobre el tema.

Un día le pregunté al maestro por qué su incondicionalidad con Fidel Castro y su régimen. Él respondió: "Yo soy incondicional en la amistad hacia Fidel. Siento admiración, respeto, gratitud como latinoamericano, porque ha intentado una nueva vía, porque quiere hacer un gobierno que beneficie a la mayor parte de la población". Además, agregó que no era comunista y por eso fue crítico

Revolución
cubana

Discurso

Celebración

Fidel

Santiago

con el régimen soviético. "Fidel es como un hermano, como un amigo. Yo no pretendo cambiarlo. Hay partes de la doctrina que funcionan y son para el bien de su pueblo y los logros en materias sociales son maravillosos y no se pueden negar. Hay otras con las que discrepo, pero ese terreno no lo discuto". De hecho, cuando ambos se insertaron en el terreno de las diferencias políticas tuvieron discusiones de voz alzada.

La Habana

1984

25 años

Cuba era para Gabo su lugar de descanso, porque así como el novelista escribió en México, donde verdaderamente descansaba era en la isla. Siempre escogía la época de Navidad y de Año Nuevo para estar en esa zona del Caribe; quizás por un clima no tan caliente, de una brisa suave, de relajo, de charangas, de fiestas en los pueblos aledaños. Una época donde podía ver con más tranquilidad a su amigo, por su agenda. La revolución empezó el 1o de enero de 1959, y siempre en las celebraciones importantes había un gran discurso del líder castrista de cinco, ocho horas, donde Gabo asistía a escucharlo en las primeras filas como un invitado especial.

Quizás el autor arrastraba la costumbre colombiana de tomar vacaciones en familia a final de año. Se relajaba siempre en la misma casa del barrio diplomático de la época de Fulgencio Batista, que el gobierno comunista mantuvo impecable para sus invitados, muy cerca de las olas del Caribe. Son casas que se han conservado con dignidad, con jardines bien cuidados, a diferencia del centro histórico que amenaza ruina.

Era un caserón bastante aislado, donde solo iban los escogidos de Fidel. Los vecinos eran un misterio. Gabo no pasaba en la isla más de dos o tres semanas, salvo cuando iba a San Antonio de Los Baños, donde se desempeñaba como profesor, dictaba talleres, escribía guiones con los muchachos. Le gustaba mucho la tarea de pedagogo, pero escasamente volvía a esas playas el resto del tiempo, que lo ocupaba en trabajar sus textos o viajar a otros sitios. A España iba por lo menos una vez cada doce meses, para resolver temas con la editora Carmen Balcells. Una vez coincidimos en China, en 1985. Esto a pesar de su profundo temor a volar en avión.

Él llegaba feliz con Mercedes, sus hijos o algunos huéspedes a los que empujaba para que conocieran la realidad del país, sin la propaganda negra que fabricaba Estados Unidos. Ese fue mi caso. En la primera oportunidad, como periodista, pude hacer unos informes sobre lo que pasaba en Cuba para *El Mundo*, hasta donde me dejó un Estado que controlaba todo.

Sin decirlo a gritos, Gabo era una gloria nacional. Lo reconocían como a una estrella, porque concedía entrevistas a los periódicos, aunque él trataba de manejar un bajo perfil, no se exponía en público. Más bien se la pasaba en su casa. De

⤎ Fidel ⤏

Una media hora más tarde llegaba Fidel de verde oliva, con botas negras. Un hombre alto que se aparecía en un Jeep o en un carro viejo blanco. Entraba sin saludar y le hablaba a Mercedes: "Está muy tarde, no hemos comido, cierto". Un hombre simpático que se acordaba del apellido de las personas, abierto, con el cariño y cordialidad caribe.

vez en cuando iba a la Bodeguita del Medio, dos o tres restaurantes más o visitaba a pintores, pero le gustaba que la gente lo visitara. A veces, iba a las charangas en las afueras de La Habana, que duraban hasta las tres de la mañana con bailes típicos y ron de caña de azúcar local.

Estuve en dos jornadas con el autor en sus vacaciones caribeñas: la Navidad y el Año Nuevo de 1984, con ocasión de los 25 años de la Revolución y, cinco años después, en la celebración de los 30 años de la toma del poder. Cuando llegué por primera vez lo primero que me advirtió fue: "De día eres periodista, pero en la noche cuando estés en esta casa o en eventos especiales eres mi amigo, en concecuencia no puedes llevar ni grabadora ni cámaras de fotos. Está prohibido".

Frente a una advertencia tan perentoria ni se me ocurrió hacerlo, entonces me tocó presenciar varios asuntos de interés solo con el registro de mis anotaciones, que todavía guardo como un tesoro. Se suponía que podía llegar el

Comandante a la casa de los Gabos, así que siempre se adelantaba un cuerpo de seis u ocho hombres vestidos de militares de verde oliva, con detectores de metales. En el caso del líder barbudo era un trámite recurrente por el fantasma de los atentados. Gabo se reía mientras revisaban todos los rincones de la casa. Luego se iban, aunque algunos de ellos se quedaban afuera de punto fijo.

Una media hora más tarde se aparecía Fidel de verde oliva, con botas negras. Un hombre alto que se bajaba de un Jeep o de un carro viejo blanco. Entraba sin saludar y le hablaba a Mercedes: "Está muy tarde, no hemos comido, cierto". Un hombre simpático que se acordaba del apellido de las personas, con el cariño y cordialidad del Caribe.

Irrumpía acompañado de su médico personal, un tipo pequeño y barrigón, que andaba con un maletín de cuero. Era una estatua. Y con su biógrafo, que no utilizaba grabadora ni cámara filmadora, pero tomaba notas de todo lo que decía su jefe máximo. El revolucionario hablaba muy rápido. Esas sesiones eran interminables, hasta la madrugada, y el notario de su vida anotaba todo. De hecho, luego vi publicada sus memorias, donde el líder escogió sus mejores relatos basados en el trabajo de ese personaje anónimo. Raúl también se aparecía con Vilma, su esposa que ya falleció. Su relación de hermano menor era de absoluto respeto marcial, con afecto, pero curiosamente Raúl no lo interpelaba, no lo complementaba. Era un subalterno sumiso.

Yo tuve el atrevimiento de interrumpirlo y hacerle una interpelación. El revolucionario contestaba y seguía construyendo un discurso generoso en datos. Cuando Fidel estaba repetitivo o ya había contado la misma anécdota, Gabo se metía a corregir la narración. Recuerdo que la vez que fuimos, un 30 de diciembre, el escritor había ido a llevar al aeropuerto a Laura García, una actriz colombiana muy conocida que estaba presentando en La Habana "Los monólogos de la vagina". "Si llega el hombre le ofrecen algo", adelantó.

El Comandante se apareció en la sala y dijo: "Aquí no hay trago, qué pobreza. ¿No vamos a celebrar los 30 años de la revolución?", y pidió whisky. Se lo tomaba en copas de aguardiente, chiquitas, no en los vasos bajos especiales para un escocés. Lo degustaba. Raúl tomaba vodka con el mismo ritual. En esa oportunidad dijo que no compraba el whisky, sino que lo almacenaba a punta de regalos de las delegaciones extranjeras. "¿Quién dijo que los revolucionarios no podemos tomar?".

Estábamos Mercedes, el médico, el biógrafo, mi esposa y yo. Una escena jodida para enfrentar, por lo que quise romper el hielo.

—Comandante, me lo imagino hace 30 años…

Bastó ese abrebocas para que él se pusiera de pie y empezara un discurso.

—Chico, hace 30 años te voy a contar que estábamos en la Sierra Maestra…

Relató toda la historia y otros sucesos íntimos de sus días en el campo de batalla. Se acordaba de los nombres, de los apellidos, de los pueblos. Actuaba como un cuentero de la política, un caudillo. El nobel entró en ese momento y Fidel no lo vio. Llegó en silencio para no interrumpir el alegato. Siguió oyendo y le hizo dos o tres preguntas a una alocución de varias horas. Estaba encantado rememorando, y sentí mucha nostalgia de no tener una grabadora.

En el epílogo, Gabo le preguntó a su amigo cuestiones sustanciales.

—Oye, Fidel, ¿de qué te arrepientes de la revolución?

—De dos o tres cosas. El primer gran error y que me echó el mundo encima fue el paredón, fusilar presos. No lo debería haber hecho. La segunda fue haber sacado la inversión extranjera, porque en estos países pobres como los de nosotros no podemos darnos el lujo de alejarla, hay que tenerla, regularla, sobre todo con el bloqueo al que sigue sometida Cuba.

La medida estadounidense formaba parte de la explicación de dónde venía el castrismo de Gabo: su solidaridad y repudio total al bloqueo. Él sostenía que el problema de este pueblo cubano no era tan complejo, pues el número de habitantes no era significativo. Decía que si no hubiera bloqueo sería una revolución distinta, de otro color. Habría propiedad privada y le gente no la estaría pasando tan mal por la escasez. "Esto sin bloqueo al otro día estaría lleno de turismo", sentenciaba.

—La tercera —agregó Fidel en una especie de cuña radial—: La exportación de la revolución fue un error. Teníamos un departamento llamado América que sembraba la revolución en otros países y nos equivocamos, fue un error interferir

Crónica desde La Habana en el aniversario de la revolución.

en los asuntos de otros lados, cada país tiene una realidad diferente. Invertimos muchos recursos, energía, que no teníamos. Y fracasamos.

Si esto fue un 30 de diciembre, al otro día volamos a Santiago de Cuba donde el Comandante elaboró un discurso de cinco o seis horas ante una plaza repleta de seguidores, en un balcón de una edificación que todavía existe. Me di cuenta de que Fidel era como el papá de todos, un tipo que enfrentó a la potencia número uno del mundo a noventa millas de distancia.

En una de esas sesiones largas, quizás la misma de la noche de tragos cuando se explayó sobre la exportación de la revolución, me increpó: "Arizmendi, por ejemplo, tú sabes una cosa: el Che Guevara estuvo en el Tolima, fue guerrillero con las Farc en las montañas, porque lo preparamos allá unos meses. En Cuba no se podía por la geografía. Él quería meterse a la guerra de guerrillas para liberar a Bolivia y a Argentina".

Pocos saben ese detalle del revolucionario argentino en las cordilleras de Colombia que terminó en Angola, en África, con el movimiento de liberación. En esa parte del discurso Gabo lo frenó – la incondicionalidad del escritor no era tal–, y le desmostró que tenía serias discrepancias y muchos interrogantes, como por ejemplo frente al destino fatal del ícono de la boina negra.

–¿Tú por qué no hiciste desistir al Che de esa aventura, con salud precaria, con muchas enfermedades para mandarlo a una selva en Bolivia? Era la muerte segura. Yo no entiendo por qué no lo impediste...

–Tú no me puedes hacer esa acusación – se levantó Fidel–, como si yo fuera el responsable de la suerte final del Che. Es injusto. Aquí a todos les consta de cuántas veces le rogué. Hay cartas que tiene la esposa en La Habana donde puede dar fe de todo lo que le dijimos, de que su papel era como ideólogo, en el fomento de la revolución. Yo se lo rogué, se lo imploré. Yo sabía que no lo iba a volver a ver, porque en Bolivia la geografía era muy difícil.

–Yo respeto esto, pero tú tenías que ser consciente, ponerlo preso, pero no entiendo cómo lo dejaste ir–, dijo Gabo.

El colombiano estaba muy molesto por el destino fatal del Che en las selvas bolivianas, en octubre de 1967. Rápidamente los ánimos se bajaron ante la intervención de las señoras, y se pasó a otros asuntos menos profundos con algunos brindis. Hablaron de varios temas, incluso discutían con Gabo sobre autores, cine y procesos de producción de economías al otro lado de la Cortina de Hierro.

Lo malo es que al otro día, el autor de libros célebres me preguntó con voz cómplice: "¿Grabaste lo de anoche?". Yo lo miré con cara de sorpresa y le dije que no, por la advertencia previa de esas veladas nocturnas, donde uno estaba en calidad de amigo. "¿No eres periodista?", me desafió y supongo que me dio una lección para toda la vida.

⇒ **Lección** ⇐

Lo malo es que al otro día, el autor de libros célebres se acercó y me preguntó: "¿Grabaste lo de anoche?". Yo lo miré con cara de sorpresa y le dije que no, por la advertencia previa de esas veladas nocturnas, donde uno estaba en calidad de amigo. "¿No eres periodista?", me desafió y supongo que me dio una lección para toda la vida.

Cuba

1984

La Habana

Aniversario

Muchos años después, esa libertad que Gabo tenía para plantear su pensamiento de manera separada del dogmatismo de Fidel se expresó también en su crítica al gobierno del coronel Hugo Chávez. Como el escritor era un hombre pragmático en su estilo de vida, así fue como se dio cuenta de que el sistema comunista había fracasado, en especial en Europa Oriental. Esto mismo lo planteaba con el modelo bolivariano. Estudió sus características y se dio cuenta de que era muy inteligente, pero muy peligroso. Y dijo: "Este hombre va a ser un nuevo dolor de cabeza para Colombia y para América Latina, porque es un líder carismático, un caudillo, pero es fundamentalista y es capaz de cualquier cosa". Nunca fue chavista.

Sus críticos cometen un error cuando tildan de comunista a Gabriel García Márquez. Al contrario, él firmaba todos los manifiestos progresistas como un hombre de derechos humanos, aunque lo descalificaran por Cuba en este aspecto. En el medio, él ayudó a mucha gente necesitada por su contacto con el régimen cubano, pero no le gustaba que saliera a la luz su papel de mediador. Gabo era un verdadero demócrata.

● ● ●

México y
6
COLOMBIA

"México me toleró varios años como indocumentado sin ponerme el más mínimo obstáculo, hasta que el presidente Echeverría se percató del asunto y nos legalizó a Mercedes, a mis hijos y a mí. En una palabra, México nacionalizó mis vivencias, por eso mis lazos con su pueblo son indestructibles, son de sangre".

El reencuentro con su pueblo

Periódico El Mundo, *13 de diciembre de 1983*

El domingo 12 de diciembre de 1983, un año después de asistir al evento donde le entregarían la medalla y el galardón que lo acreditaba como Premio Nobel de Literatura 1982-1983, Gabo se encontraba en Aracataca conmemorando su triunfo. Quiso recorrer el pueblo que lo inspiró para crear su gran obra.

Macondo · Aracataca · Gabo · Regreso · 1983

Eran casi las seis de la tarde. Estábamos de regreso hacia Barranquilla. Y el sol rechinaba todavía. Atrás, a lo lejos, su pueblo natal, de tan solo siete mil habitantes, había quedado enloquecido. Sí, ese era el término.

Y me preguntó:

—Oye, ¿cuéntame cómo fue la vaina de Aracataca? Te aseguro que no me di cuenta; me sucedió lo mismo que cuando recibí el Nobel, el año pasado en Estocolmo... Mira, tengo que confesarte que tenía pánico. Sabía que era muchísimo peor que una campaña presidencial. Oye, ¿cuéntame cómo fue la vaina de Aracataca...?, me dijo una y otra vez.

Mientras que Mercedes Barcha de García, su Gaba de toda la vida, terminaba de secarse el sudor, y le servía otro Old Parr, esta vez a la altura de la hacienda Macondo, en el camino hacia Fundación, mientras que el sol calcinaba todavía, y la temperatura, lo juro, superaba los cuarenta grados, por Dios, porque en Aracataca no hay sombra...

Después de dieciséis años de no visitarlo, el hijo más famoso de los dieciséis que tuvo el célebre telegrafista de Aracataca regresó al municipio en donde el escritor pasó sus primeros ochos años de vida.

La procesión

Aracataca se encuentra situada a hora y media de Santa Marta y a dos horas de Barranquilla, por una impecable carretera pavimentada y varios puentes en construcción.

Bastó con cruzar la primera calle para que las pocas personas que se encontraban recostadas en sus mecedoras se percataran de que quien venía en una camioneta color café con leche era, nada más ni nada menos, que su paisano, Gabo, Gabito. Entonces fue la locura. Porque en minutos todo el pueblo lo sabía. "Vino Gabo, llegó Gabito, éche si es Gabo, Gabo, Gabito...", gritaban unos y otros alrededor del vehículo.

"¿Pero de dónde salió tanta gente?", le comentaba a su esposa. Y sonreía. En segundos aquello se convirtió en una manifestación. Solo que no había ni un

Su gente

1983

Colombia

Gabo

Doña
Clota

policía, ni se necesitaba. Solo que no había pancartas, pero sí numerosos letreros en las paredes, y también en uno de los pocos y destartalados camiones de escalera que aún quedaban en el pueblo, todos alusivos al nobel, a su obra y al primer aniversario del feliz acontecimiento para las letras hispanas.

> **La sancochada fue espectacular. Alcanzó para tanta gente que con seguridad no quedó gallina con pescuezo en diez cuadras a la redonda.**

"Aracataca, capital mundial de la literatura", rezaba uno de ellos. Cuando se bajó del carro, en la avenida del padre Espejo, yo también perdí la pista. En segundos le hicieron tomar uno, dos, tres, no sé cuántas copas de ron Caña, con agua de coco. La multitud, la chiquillada sobre todo, lo fue empujando hacia adelante, lo fue llevando "en andas", como si se tratara de la imagen del Sagrado Corazón de Jesús, o cual Jesús en la procesión del Domingo de Ramos. Solo que él vestía de bluyines, guayabera blanca y botas cafés de cierre.

Sin darse cuenta se vio frente a la edificación que hoy ocupa la casa donde naciera en 1928; pero no entró. Desde que salió de Aracataca jamás lo había vuelto a hacer. Por agüero, aseguran algunos. Hasta que llegó a la residencia de doña Clota (en la vida real Clotilde G. viuda de Sánchez), la anciana matrona que lo cuidó en su infancia, cuando la venerable Luisa, su madre, tenía que salir a trabajar. En cuanto Gabo le dio un cariñoso y fuerte abrazo, doña Clota irrumpió en lágrimas. "Si yo hubiera sabido que ibas a llorar no hubiera venido", le dijo García Márquez al tomarla de las manos.

Pasó luego a un gran solar, en donde, literalmente, no cabía un alma. Hasta las gallinas habían sido desalojadas por la gente, que no le quería perder un instante. Lo tocaban, lo abrazaban ("¿No te acuerdas de mí?", era la frase más común). En cuestión de minutos todos los que tenían libros del popular escritor fueron por ellos a sus casas. "Para Alfredo, con calor". "Con todo el olor de la guayaba". "Para Nobele, cuarenta años después de Cataca". Y debajo, su inconfundible firma, con un escueto 83. Cuando los libros se acabaron salieron a

⟞ Doña Clota ⟝

En cuanto Gabo le dio un cariñoso y fuerte abra-

zo, doña Clota irrumpió en lágrimas. "Si yo hu-

biera sabido que ibas a llorar no hubiera venido",

le dijo García Márquez al tomarla de las manos.

relucir cuadernos, servilletas y hasta discos. Todo servía para que él firmara. Era el souvenir obligado de una visita inolvidable.

Sancocho vallenato

Antes de que pasara a la mesa y un conjunto vallenato le ofreciera lo mejor de su repertorio, incluyendo varias coplas vallenatas, el cataqueño (gentilicio de los de Aracataca) Lázaro Diago se presentó a la deliciosa y amplia casa de doña Clota y le hizo entrega de un viejo y desencuadernado Diccionario de Costeñismos que había pertenecido a su abuelo, Nicolás Márquez, legendario coronel de la Guerra de los Mil Días. En una de sus páginas interiores, a lápiz rojo, estaba estampada la firma del coronel, la misma que él reconoció de inmediato, mientras que Mercedes guardaba el preciado regalo en un sobre de manila.

La sancochada fue espectacular. Alcanzó para tanta gente que con seguridad no quedó gallina con pescuezo en diez cuadras a la redonda. Al parecer hubo necesidad de cocinar varios chivitos, traídos especialmente desde La Guajira. Cuando alguien se lo menciona, se traslada treinta años hacia atrás: "Yo me conozco muy bien toda la región. Por allá en el 52 la recorrí íntegra. Vendía enciclopedias Uthea. Para entretenerme, me las leía de noche. Solo logré hacer un negocio, clavándole una colección al médico de Riohacha. Creo que todavía está sin desempacar", recuerda con gracia y no sin cierta nostalgia. "Era la época de Rafael Escalona, con él viajé mucho, pura mamadera de gallo". A esas alturas de la tarde la gritería era ensordecedora. La multitud se agolpaba frente a la puerta de la casona. Sus paisanos querían verlo de nuevo. "Voy a visitar una por una todas las casas", dijo al pararse bruscamente del comedor.

Al abrir la puerta la manifestación que le esperaba con ansiedad, al verlo, rompió en aplausos y vivas a Gabo. Le faltaron manos para firmar más y más autógrafos. "¿De dónde salen tantos muchachos?", se preguntaba, mientras caminaba con notoria dificultad, entre centenares de catequeños, la mayoría de los cuales lo querían de oídas, por los cuentos de los mayores, o por su fama mundial, pero no porque lo hubieran visto nunca.

La reconciliación

Sin duda esta sorpresiva aparición de García Márquez a la tierra que lo vio nacer lo reconciliaba con su pueblo. Eso fue lo emocionante, que no hubo discursos, ni homenajes prefabricados, ni lectura de bandos ni de resoluciones oficiales. Nadie lo declaró hijo ilustre de la región. Ni el cura párroco evocó sus épocas de monaguillo; ni los colegiales fueron uniformados; ni le salieron al paso bandas de música.

También hay que decirlo: los catequeños empezaban a sentirse molestos; no entendían que Gabito no los hubiera vuelto a visitar en los últimos 16 años, desde que lo hiciera con uno de sus amigos más íntimos y lamentados: Álvaro Cepeda Samudio. "Si Álvaro estuviera vivo estaría aquí, en un camión de cervezas, y no hubiéramos pegado la misma 'pea' que nos vamos a pegar hoy, carajo, porque los amigos no mueren, se quedan con uno", respondió cuando uno de los presentes evocó al ilustre poeta y escritor del grupo de Barranquilla.

Mientras caminaba palmo a palmo las vías de su pueblo, que más parecen trochas; mientras que visitaba una a una las casas de sus viejos amigos; mientras respondía a improvisados periodistas del lugar que querían guardar alguna declaración

Nº. 1684

e el Comandante de la Policía

"Por favor, colaboren"

Carlos Arturo Casadiego Torrado

...ante de la Policía ...na, en ...ra, Carlos Arturo Ca...rrado, señaló ayer a ...afiosos reconocidos ...de la inseguridad en ...al tiempo que los ...de arribistas cobar... ...es que no los detiene ...de un niño'', dijo que ...definitivo... ...esto a combatir con ...cos. Hoy ...e ...nuevo ...amó la solidaridad de ...as con la policía.

INCOMO... ...a las ex... ...y de los ...

tienes ...a de la ...

...nes del coronel Ca... ...do, fueron dadas a ...bo, se ...el país, por medio ...pero enérgico comu... ...opularid... cual advirtió además ...extremada... ni nadie más culpo ...lo tie... ...imperante por la ...a del pro... ...cer. Si ... ...de algunas autori... ...raer just... ...ctitud temerosa y ti... ...nada par... ...gunas personas que ...trar justicia, por la ...prada, vendida y ...ste termina... de algunos an... ...se ni cuan... ...El Nobel ... ...por la cobardía de mi... ...abo y abor... ...ciudadanos''.

El comunicado del coronel Casadiego Torrado, se conoció después de que se supo de la muerte de dos niños en abaleos registrados en la ciudad en las últimas horas. Uno de los niños, Hernán Osorio Quiñonez, de nueve años, murió en un intercambio de balas. El otro, Andrés Felipe Aguirre Vargas, de seis años, murió ayer por la mañana en el Hospital Infantil, después de que el sábado dos hombres ametrallaran a cerca de diez personas, en un granero del barrio El Salvador. **Lea sección 2, página 1**

e dispara
el café

De

El reenc

o Darío Arizmendi, proceso color Wilson Vargas

JNDO

Valor $20.00
34 páginas
3 Secciones

iciembre de 1.983   Sección 1   Tarifa Postal Reducida Nº. 121

és de 16 años Gabo volvió a Aracataca

entro con Macondo

suya, Gabo no pudo menos que recordar su infancia y las épocas de la United Fruit y de las bananeras. Del paso de aquella por la zona solo quedan como testimonio un arroyito canalizado, una carrilera y una decena de casas semi derruidas.

A medida que avanzó ("Quítenme de encima esta muchachera; aquí las mujeres no han hecho otra cosa diferente a parir"), la polvoreda de las abandonadas calles se levantó y lo hizo toser.

Aracataca entonces, era otra: la de la bonanza. Era la época en que Gabito se metía un palo entre las piernas y jugaba a los caballitos por las noches, con Carmelo y otros de sus compañeros. Era la época en que los sábados y los domingos, en la plaza principal, se bailaba cumbia y los gringos y la gente enrollaba y quemaba billetes con la esperma. Era la época en que los de Ciénaga y los de Valledupar no iban ni a Barranquilla, tomaban los barcos y luego se largaban para Europa. Era el otoño de Aracataca.

Bogotá y Cartagena

A pesar de haber tenido sus disgustos con el talante y las costumbres de los bogotanos, tan diferentes a las de la costa Caribe, Gabo no estaba triste en la capital. Le gustaba el movimiento cultural, el agite. Era un tentación azucarada para su alma estar en medio de la gente cercana al poder, controlar esa información de testigo de primera mano, cosa que no podía hacer desde Barranquilla.

Ese amor interesado por la ciudad lo compartía con Cartagena de Indias, sin importar que en Barranquilla tuvo sus mejores amigos, "los mamadores de gallo de La Cueva": Alejandro Obregón, Álvaro Cepeda Samudio, Germán Vargas Cantillo, José Félix Fuenmayor, Julio Mario Santo Domingo. Casi todos compañeros de letras con los que corregía textos o hablaba de las últimas lecturas llegadas de Buenos Aires, obras de Hemingway, Camus, Faulkner…

Tiempo después, cuando García Márquez compró el apartamento en la Máquina de Escribir –un edificio con ese mote en el sector del Laguito en Cartagena–, frecuentaba la ciudad amurallada con regularidad de novio. El aspecto de

Cartagena de Indias

Ese amor interesado por la ciudad lo compartía con Cartagena de Indias, sin importar que en Barranquilla tuvo sus mejores amigos, "los mamadores de gallo de La Cueva": Alejandro Obregón, Álvaro Cepeda Samudio, Germán Vargas Cantillo, José Félix Fuenmayor, Julio Mario Santo Domingo.

este apartamento era totalmente blanco, salvo unos cuadros con fondos azules como el mar y algunos rayones. El edificio era modesto, escasamente había un portero de día.

Allá se sentaba en una habitación que en realidad era su estudio, el lugar donde todos los días escribía algunos trozos de sus novelas. Luego, después de las dos de la tarde, se perdía en los bares de la Heroica donde se reunía con sus camaradas. Siempre tenía mucho cuidado de no pasarse de copas por el temor al qué dirán, por el miedo a no levantarse, por física flojera. Entonces pasaba momentos de relajo con tambores y acordeones, pero con el freno de la moderación.

Así era su vida en Colombia antes de ser nobel. Me dijo una vez: "Soy un berraco admirador de la infinita inteligencia y talento de los colombianos. Cuando su capacidad no se pone al servicio de causas nobles se orienta hacia la delincuencia y en ninguna de las dos no hay quién nos gane. Eso explica infinidad de problemas".

El exilio y Turbay

Nuestro nobel vivía cómodamente en Colombia, estaba tranquilo. La pasaba de maravillas, más allá de sentir la crítica inclemente de algunos sectores que no entendían su relación con Fidel Castro y, menos, su defensa de la revolución cubana o sus cercanías con la izquierda. Los círculos del poder lo admiraban como escritor, aunque su estilo les parecía un poco folclórico y su pensamiento un tanto desviado.

Cuando tuvo que exiliarse en México en la época de Turbay Ayala, Gabo se fue con dolor de país. Estaba desgarrado por ese síntoma del abandono de la patria, pero convencido de que estaba salvando su vida. Él explicaba que difícilmente podría regresar, porque veía que la situación política se agravaba y que el orden público se desbancaba por un precipicio. Y que el gobierno en la práctica iba camino a convertirse en una dictadura disfrazada, con la complicidad de muchos sectores que se tapaban los ojos.

En la recta final de su residencia en Colombia, en medio de una coyuntura convulsionada, fracasó en cada uno de sus intentos por buscar la paz con los grupos alzados en armas y con el narcoterrorismo, que por cierto lo llevaron a ser acusado de financiar a la guerrilla. "Hasta que me situé en el Hotel Intercontinental por la noche y ellos me contactaron; cuatro veces cambié de sitio y de vehículos", reveló. Solo estando en un cuarto seguro pudo conversar con uno de los dirigentes del M-19, quien en menos de cinco minutos apreció el deseo patriótico de Gabo por poner fin a la violencia.

Le dijeron que su idea era muy noble y que estaban dispuestos a interceder con otros sectores que estaban en conversaciones para frenar la guerra. "Todos te adoran hermano, dicen que usted es un ídolo para ellos, que usted es un varón". El dirigente de nombre Pablo agregó que lo quería tanto que hasta un besito en el culo le daría. "Cabrón", le dijo García Márquez. El hombre del M-19 le prometió antes de abandonar el país que trataría de convencer a los otros, "pero que si el ELN no se frena, nosotros tampoco podemos parar".

⇜ La salida ⇝

Cuando tuvo que exiliarse en México en la época de Turbay Ayala, Gabo se fue con dolor de país. Estaba desgarrado por ese síntoma del abandono de la patria, pero convencido de que estaba salvando su vida.

En esa conversación de despedida, Gabo, además de reconocer su participación en los primeros acercamientos de paz, sostuvo que no entendía por qué los narcos —los carteles de Cali y de Medellín— no lo habían matado. Uno de los líderes le reveló un secreto: "Porque te respetan y por la posición frente a la extradición". Sobre ese tema, el nobel agregó que "los narcos no tienen ética, no tienen ideología y que están dedicados a un negocio sucio multimillonario". Sin embargo aceptó reunirse con ellos por la vía de la convicción.

En ese momento, el escritor pidió una reflexión por la vida. "Yo no soy más que eso, un hombre de buena voluntad. No busco honores ni protagonismo, lo único que me interesa es la paz, ellos son paisas, son pragmáticos, deben tener un alto sentido de la familia, son inteligentes. Tienen que oírme a cambio de nada, bueno, a cambio de vivir en paz porque con ellos no se pude negociar nada, los principios no se negocian, es un asunto de decirles que dejen de matar, que este es el país de ellos y de sus hijos".

El político

Cuando yo era director del periódico *El Mundo* realizamos el especial de siete días sobre el mundo de Gabo, en el año 1982. Hablamos sobre varios temas y esto fue lo que dijo:

"En Colombia un amplio sector de la clase dirigente, en todos los órdenes, no se ha dado cuenta que el mundo es otra cosa, que el mundo ha cambiado. Allí se vive en el pasado, al margen de la realidad. Parece que esta no importara para nada. En nuestro país se siguen adoptando posiciones trascendentalistas; se piensa que el resto del planeta vive pendiente de Colombia, que somos el ombligo de la humanidad, y esto es falso, significamos muy poquito y casi nadie nos para bolas".

La empresa privada

"Antes del colapso financiero de los últimos meses todo el mundo andaba convencido de que la empresa privada, y solo la empresa privada, era sinónimo de buen manejo, pulcritud y eficacia. Quedó demostrado que no es cierto. Tampoco nos podemos ir al extremo contrario: el Estado en nuestros países, por causas y razones de tipo social y de carácter histórico, no está en condición de ser el administrador ideal. No se puede generalizar: a la empresa privada que cumpla con su función social, que trabaje por el progreso y los verdaderos intereses del país, no hay por qué tocarla. A la que tiene como fundamento de su actividad el enriquecimiento fácil, un desbordado afán de codicia y de poder y que para lograr su cometido atropella a los demás y comete toda clase de bestialidades, hay que caerle, y caerle con rigor y severidad. No podemos cohonestar la vagabundería, ni los chanchullos. Pero repito: todas las comunidades necesitan de la iniciativa privada bien entendida, por supuesto con el control y vigilancia del Estado".

Turbay Ayala

"Lo único importante de su gobierno es que gracias a él los colombianos jamás aceptaremos otro régimen como el suyo: él nos mostró qué es desgobierno, qué es clientelismo, qué es ineptitud. Es lo único positivo que dejó: no regresar nunca más a un gobierno lejanamente parecido al suyo. Belisario en cambio ha puesto de presente que después de él el futuro político del país será otra cosa".

Los militares

"Por razones obvias, la clase dirigente ha hecho todo lo posible para separar a los militares de las clases populares, contraponiéndolos. En general puede afirmarse que los militares colombianos son la clase políticamente más atrasada del país, mucho más, incluso, que los sectores más tradicionales de la Iglesia".

Conflicto con Venezuela

"No lo he podido entender. Se le están sirviendo peligrosamente las cartas y los argumentos a los fabricantes de armas para que nuestros presupuestos de guerra se desorbiten y nuestros militares se armen hasta los dientes para diferentes acciones y propósitos. En el fondo del problema lo que hay es un juego sórdido de intereses de las multinacionales del petróleo, y estas no son ni venezolanas ni colombianas. A Estados Unidos no le interesa que los pueblos de Venezuela y Colombia encuentren su identidad histórica y que marchen juntos y en la misma dirección; tal alianza les horroriza".

Belisario Betancur

"Ahora tengo un belisarismo subido que me va a matar. A Belisario se le ve sincero y honesto, bien intencionado. Es otro estilo completamente distinto muy acorde con lo que el país necesitaba. Creo que su filosofía 'tercermundista' corresponde a una convicción auténtica.

Los pasos dados en su política internacional constituyen un gigantesco esfuerzo hacia adelante y una rectificación de los progresivos y espantosos cuatro años anteriores".

Las tertulias presidenciales

Del año 1982 a más o menos 1986, entre Belisario y Gabo se entabló una amistad casi fraternal nacida fundamentalmente de la literatura, de la poesía. Una de las primeras personas que llamó a Gabo cuando se ganó el Nobel –además que recibió la noticia en la madrugada– fue el propio presidente Betancur. A pesar de ser muy conservador, Belisario era un hombre de una tremenda sensibilidad social por su origen, era un hombre de familia muy humilde, con una infancia con carencias económicas, incluso para estudiar. Gabo valoraba que una persona de esa condición hubiera llegado a ser presidente de la República.

De todas formas lo consideraba un político tradicional, pero admiraba su sensibilidad social, su condición intelectual. Le gustaba esa nueva mirada que Belisario empezó a tener frente a la guerrilla. Él decía que con Belisario sí se podía hacer la paz.

En esa época, el presidente Betancur, su ministro Bernardo Ramírez, García Márquez y yo hacíamos unas tertulias memorables en la casa de Gabo, en la avenida Circunvalar a la altura de la calle 74. Hasta esa esquina se presentaba la doble vía que rodea los cerros orientales de Bogotá. Era una casona de ladrillo muy bonita, la última de la cuadra. Albergaba la particular obsesión de Gabo por el color blanco: el tapete, los sofás, las paredes, los objetos. No había una nota de color.

Cuando ambas personalidades querían verse en privado utilizaban el refugio del novelista. Eran amigos. Antes de la primera reunión, Gabo conspiró: "Yo los invito a mi casa dentro de 15 días y, Darío, tú te traes una caja de vino. ¿A ver qué vino les gusta?".

–Nos gusta el Marqués de Cáceres– dije.

A la una de la tarde ya estaban en la casa de Gabo con Bernardo Ramírez. A la hora llegó Belisario. Desde allá despachaba, sin contratiempos, si sucedía algo urgente. Desde Palacio llegaban con papeles y él firmaba. Se discutieron

Colombia

Tertulia

Arizmendi

Belisario
Betancur

> **Gabo le hablaba al presidente Belisario de tú. De vez en cuando le decía presidente.**

muchos temas políticos que tenían que ver con el calor de ese momento, como las licitaciones para la adjudicación de televisión. No participaba ni Mercedes ni otra de las esposas. Era una reunión machista de política y de literatura.

Gabo le hablaba al presidente Belisario de tú. De vez en cuando le decía presidente. El tema que ganaba la partida era el de la paz, con un Gabo que se definía como un conspirador profesional. Sin rodeos, entraba en discusiones dialécticas en cosas que eran del despacho presidencial. Gabo se empeñaba en convencerlo, en una auténtica confrontación, y estoy seguro de que muchas de las actitudes posteriores que Belisario adoptó como presidente se debieron en buena parte al poder de persuasión del escritor costeño.

En ese periodo se despertó el Gabo más crítico y emocional. No tanto de asuntos del gobierno, sino de la coyuntura de la época. Una discusión frecuente eran los militares y su excesivo poder. Se lo advertía a Belisario: "Tú no puedes caer preso en manos de los militares como estuvo Turbay , tú no puedes ser el segundo Turbay", le decía al mandatario conservador. "Tú eres un hombre mucho más universal, un hombre de mundo".

Belisario simplemente escuchaba la voz de su amigo. No tomaba nota, quizás abusando de su memoria excepcional. Más bien, se divertía jugando con las palabras y burlándose de los contactos del escritor con grupos irregulares. "Tú estás mal informado, por primera vez te veo más mal informado que ayer, tus fuentes no son confiables. Esos amigos tuyos del M-19 que te tienen envenenado y te dicen mentiras para que me jodas a mí". Pero la verdad es que nunca hubo una pelea o un altercado, sino que el ambiente era muy relajado, con vino entre medio. Sin pasión y con mucha altura, eran conversaciones que legitimaban las citas, los paralelos y los parangones de situaciones ocurridas en el pasado en el país o en experiencias lejanas.

Fueron muchas jornadas similares donde la condición principal fue que nadie había escuchado nada, ni nadie había visto nada. Y así fue.

La toma del Palacio de Justicia

En la tarde del 6 de noviembre de 1985 se produjo el asalto del Palacio de Justicia por un comando armado del M-19. La noticia sacudió al país por la audacia del operativo, a pesar de las limitaciones oficiales para transmitir en directo episodios relacionados con el orden público. Veníamos del estatuto de Turbay donde hubo censura para el trabajo periodístico, y aun así la radio fue valerosa y entrevistó a Andrés Almarales, uno de los guerrilleros, y a los magistrados de la Corte Suprema.

De eso hay grabaciones y testimonios. Colombia entró en absoluto colapso por la aparición de los primeros tanques y los ataques con mortero. Se intentó recuperar el palacio desde las terrazas a través de un helicóptero que empezó a descargar gente. Todos nos dimos cuenta del descontrol, de que cualquier cosa podía pasar. Se ignoraba cuántos guerrilleros habían sido, cuántos pisos se habían tomado, qué magistrados estaban adentro. Y el horror llegó con la orden de la ministra Noemí Sanín: la radio debía suspender las transmisiones. A la televisión le tocó pasar un partido de fútbol que se jugaba esa noche, para que el país no se enterara de que ese edificio estaba en llamas.

Lo primero que hice fue llamar a Gabo que estaba en París y, desde ese momento, fueron días enteros conversando por la línea telefónica que quedaron guardados en notas personales. Él entró en *shock*: "No es posible, es un país demencial, cómo se toman el Palacio de Justicia? ¿Y la inteligencia colombiana? ¿Y los dirigentes del M-19? Esa misma noche de noviembre volvimos a conversar, luego de una larga reflexión parisina entre el nobel y el expresidente López.

García Márquez planteó que se debía buscar un diálogo abierto con los guerrilleros, pero que con la retoma se había cerrado la puerta de un acuerdo. Belisario no quiso escuchar a su antecesor en el poder, y menos a Gabo, su amigo de tertulias. "Belisario se acabó como político, no va a resistir". El maestro agregó: "Nunca se va a saber la verdad, y es increíble que esto ocurra cuando este ha sido el gobierno más bondadoso en la historia del país, el más abierto a la posibilidad de paz. Y ahora, ¿quién le va a creer?".

Contacto
Colombia

Gabo

Casa en
México

La reflexión del escritor colombiano iba más allá:

—¿Cómo es posible que Belisario se haya dejado imponer por los militares una decisión no política y que él hubiera tomado decisiones? Cuando pasen las horas van a reflexionar y les va a remorder su conciencia a los militares y a Belisario.

En medio de la polémica, el periodismo no se salvó de los dardos del novelista de Aracataca. De entrada, criticó la insensatez del criterio noticioso de los medios nacionales y la poca objetividad para enfrentar unos hechos por lo menos confusos. Una semana después de lo sucedido, Gabo hizo un análisis de lo que *El Tiempo* y *El Espectador* asumieron como una verdad del episodio. "Tantas mentiras y contradicciones que ya se dieron cuenta de que se habían enredado. Están obligados a hacer una investigación profesional pero no son capaces, el viraje de los medios y del Gobierno es porque estos se han dado cuenta de que la gente ya no les cree", explicó.

Su faceta de conspirador actuaba a toda máquina en los corredores de la Casa de Nariño, pero sus mensajes telefónicos no pudieron doblegar el alma conservadora de Belisario. Así fue como se terminaron las tertulias de dos amigos que por este hecho se separaron para siempre. Sin embargo, los contactos que Gabo usó para mantenerse informado de primera mano se alargaron con los años y siempre fue su canal directo con Colombia. Nunca los abandonó, ya que una de sus obsesiones siempre fue preciarse de ser uno de los hombres mejor informados del país.

Eso explica que desde donde estuviera, en Barcelona, en Madrid o en La Habana, o donde fuera, él mantenía una red de cinco o seis contactos que le informaron durante años el acontecer local. Entre ellos estaban Felipe López, Mauricio Vargas, Kataraín, Patricia Lara y Jaime Castro; en ciertos temas, hablaba con Germán Castro Caycedo, en otros con Roberto Pombo, su gran amigo en los últimos años de su vida. A cada uno le sacaba un pedacito de la historia y engranaba sus jugadas de ajedrez y construía su propia visión. Era un juego intelectual como si se tratara de un proceso de inspiración para una de sus novelas.

México lindo y querido

–No es mi segunda patria, simplemente es una patria distinta. México me acogió como a uno de los suyos. Aquí trabajé como *copy* de una agencia de publicidad, como editor fantasma de dos revistas semanales, como guionistas de cine, como escritor. México me toleró varios años como indocumentado sin ponerme el más mínimo obstáculo hasta que el presidente Echeverría se percató del asunto y nos legalizó a Mercedes, a mis hijos y a mí. En una palabra, México nacionalizó mis vivencias, por eso mis lazos con su pueblo son indestructibles, son de sangre.

Fue amigo de todos los presidentes de México y todos lo condecoraban. En los eventos grandes de carácter oficial Gabo era el primer invitado, más allá de ser crítico del PRI que gobernó por décadas ese país. Era el lugar donde habían nacido sus hijos, donde vivían también sus nietos, y entonces él se inmiscuía en temas locales como si fueran propios. Era amante de la selección mexicana de fútbol, un hincha furibundo. Le gustaba el deporte más hermoso del mundo, quizás por influencia de sus hijos y sus nietos.

El temor a la muerte

Durante muchos años, García Márquez fue un sobreviviente del cáncer. La primera vez estaba en París y empezó a sentir fatiga, se sintió alcanzado y citó al doctor Matos en Colombia. Nunca había pisado un hospital y su bautizo fue en la clínica Santa Fe en mayo de 1992. Conoció el escáner. Ya había sentido algo en sus pulmones por su esmero de fumar seguido, cuestión que en México lo obligó a realizarse unas radiografías, en enero de ese año. En cinco meses el pequeño tumor que le encontraron había crecido 60 veces, por lo que tomó la decisión de operarse en Bogotá, en el más estricto secreto.

Para no alarmar a su familia, habló del asunto con sus dos hijos, además de su hermano Yiyo, que se murió también de cáncer. Le envió una carta a

≈ Lengua colombiana ≈

Aparte de escribir, lo que más apasionaba a Gabo era el oficio de hablar. Le hacía falta en sus días cotidianos en México. Decía que en eso de tirar lengua los colombianos somos campeones mundiales ("no hay quién nos gane"). En México se la pasa en grande, es todo un personaje, como lo sería en cualquier país del mundo. Solo se aburre, comentó, mientras se come un helado de guanábana, cuando le faltan sus amigos, cuando pasan días sin que estos lo visiten.

su madre pensando en que iba a ser la última vez, le tenía pánico a la muerte. En el quirófano soñó con todo su universo mágico, hasta planeó sus propios funerales con flores.

Luego de la operación, se despertó: "¡Coño, no me morí!".

En el posoperatorio Gabo se sentía mejor. Su oficio de reportero se despertó de nuevo: preguntaba todas las cosas sobre la enfermedad y la medicina para el dolor. El médico se adelantó: "Si usted se queda una semana más aquí, sale recetando". Fueron tres horas sin conciencia lo que se demoró entre la operación y un pellizco, un cachetada cariñosa: "En ese momento me di cuenta de que había salido con vida y la primera pregunta que hice fue: ¿benigno o maligno? ".

Tranquilo Gabo, esta vez no fue. Sus preocupaciones inmediatas eran Mercedes, los hijos, su madre y Yiyo su hermano consentido, reportero y escritor.

Nadie sabe cómo se enteraron, pero lo llamaron a la clínica Carlos Salinas de Gortari, Fidel Castro y Cantinflas, y le dieron ánimo para el reposo 45 días. Gabo respondió: "Tú no sabes lo que será para mí estar de 45 días sin hacer nada, cuando toda la vida he estado haciendo muchas cosas; me dedicaré a hablar por teléfono, a leer y a no hacer nada, porque yo no sé hacer nada".

De inmediato llamó a los médicos para que le contaran la verdad. Ellos le revelaron que le sacaron un tumorcito del tamaño de una aspirina.

–¿Por qué ese temor a la muerte, Gabo?

–Es el temor a la inconciencia y a la oscuridad.

Quizás presintiendo algo peor, en los meses siguientes el autor se afanó en pulir sus *Doce Cuentos Peregrinos*, finalizó el prólogo y definió todos los detalles editoriales con Kataraín y Carmen Ballcels, sus agentes literarios en Colombia y Barcelona, pero no les reveló su paso por la clínica.

Vuelve el dolor

Pensó que se trataba del mismo cáncer de pulmón, cuando se hizo examinar nuevamente en México años despúes. Los médicos le confesaron que se trataba de una leucemia con carácter reservado. Al averiguar, les preguntó a los galenos si era prudente irse a un hospital en Estados Unidos o en Cuba, y los mexicanos le recomendaron que se fuera a Los Ángeles, California, a un hospital que tenía una nueva tecnología: unas inyecciones que estaban en experimento. Él preguntó que a cuántos pacientes se las habían aplicado y le dijeron que a 15 o a 14, y que de estos solo sobrevivió uno.

Consultó con su Gaba y con los hijos y decidió tomar el riesgo. Por teléfono confesaba su temor al tratamiento o a los chequeos mensuales. Solo después de ocho meses le avisaron que había superado la prueba. La pasó muy mal, solo en familia, aunque la noticia se filtró mucho después: "García Márquez está siendo tratado de un cáncer en Los Ángeles". Y ya después le dijeron: "¡Triunfamos!". Empezó a ir cada tres, cada seis meses. Luego, cada año y la última vez creo que fue a los dos o tres años de haber iniciado el tratamiento. Ahí fue cuando le dieron la noticia: "Estás limpio. De esto no te moriste".

El nobel volvió a vivir. Solo en los últimos años de su vida retornó esa maldita leucemia y por eso un médico mexicano sostuvo la última vez, en calidad de vocero del hospital, que la enfermedad era irreversible y que no se salvaba. Pero la familia sabía de estos problemas que arrastraba el escritor por años, tanto por los pulmones, por un paro cardíaco o por la leucemia, y que cualquiera de ellos se iba a encargar muy rápidamente de su muerte.

La familia mantuvo muy en secreto el deterioro de sus últimos días en abril de 2014. Aunque hubo varias publicaciones que especulaban sobre el tipo de cáncer, lo cierto es que su círculo íntimo sabía de lo agresivo de su enfermedad y optaron por el silencio. Ellos eran conscientes de que Gabo fue un sobreviviente, y dejaron que el mundo hablara sin razón.

La despedida

En la recta final de su vida, a Gabo más que el deterioro de su figura se le notaba su pérdida de memoria. La demencia senil se presentaba sobre todo en su memoria presente. Hay un episodio en un restaurante de Bogotá: yo almorzaba con Noemí Sanín cuando nos encontramos con él, Mercedes y una prima. Me reconoció y me dijo: "¿Coño, tú sigues en Caracol? ¿Qué estás haciendo?".

—Sí claro, sigo en Caracol.

—¿Qué coño haces ahí?, te van a matar, no jodas, retírate.

Pasaron unos minutos y antes de salir del lugar fuimos a despedirnos. Él todavía estaba allí tomándose un café y repuntó: "¡Coño que alegría verte!, ¿tú cómo estás?, ¿tú todavía estás en Caracol?". De ahí en adelante yo llamé varias veces a Gabo a México, incluso a Cartagena, pero Mercedes protegía a su amado, no con el ánimo de esconder su intimidad, porque ella sabía que yo me di cuenta y que era consciente de la situación, sino para cuidar su tranquilidad.

México   Gabo   Cuernavaca

Descanso

Nunca se fue de Colombia

S u vida estuvo enmarcada por muchos acontecimientos, siempre tuvo la fa-
cilidad de estar donde todo ocurría, esa era una característica de su talante.

En 1941 sus padres lo enviaron interno a un colegio de Zipaquirá: "Nada podía
resultarle más extraño y más duro a aquel muchacho de 13 años, venido de la costa,
que encontrarse de pronto obligado a vivir en un mundo tan distinto al suyo".

Quedó sobrecogido viendo aquella capital tan triste. En el crepúsculo, sona-
ban campanas llamando al rosario; por las ventanillas del taxi, veía calles grises de
lluvia. La idea de vivir años en aquella atmósfera funeraria le oprimía el corazón.
Para sorpresa de su acudiente, que había venido a buscarlo a la estación del tren,

se echó a llorar. Veinte años más tarde Gabo llegó a México después de catorce largas y tortuosas horas de autobús procedente de Nueva York.

Alguna vez le pregunté: —¿Hubieras querido recibir la noticia del Nobel en Colombia?

El maestro me contestó: "A Colombia la llevo dentro de mi corazón, no se me separa en ningún momento. Pero para mí el concepto de patria es el mismo de Bolívar y de Martí: es la patria latinoamericana".

Un hombre amoroso

Siempre fue un personaje repleto de historias, creador de un mundo maravilloso que solo existía en su cabeza. Su simpatía caribe se mezclaba con una personalidad adusta, sin contar lo buen amigo que fue: generoso y detallista.

También fue un reportero fuera de serie. Contó que para la investigación de *Noticia de un secuestro* tardó más de un año recopilando datos, preguntando, confrontando. Un perfeccionista que le fastidiaba que lo pillaran en una inexactitud, en un dato mal escrito.

Era un hombre amoroso. Siempre que llamaba por teléfono me decía: "Ajá, ¿cómo están todas tus mujeres?". Y remataba sus conversaciones con sentido del humor. Se reía con las cosas que mis niñas acotaban, y les dedicó muchos libros con dibujos de florecitas y corazoncitos.

Esa ternura del autor casi no se conoció. Incluso muchas personas pensaban que era arrogante, distante. Más bien era tímido. Cuando no conocía muy bien el ambiente y no sabía realmente quiénes eran las personas que estaban en frente, tenía sus recelos y se cuidaba. Gabo era un psicólogo absoluto, un conocedor del alma humana.

Por encima de todas sus cualidades, García Márquez era un buen hombre.

● ● ●

ÁLBUM
7
Registro gráfico de Darío Arizmendi

" *A mis amigos los he ido conociendo a través de la vida, primero porque tienen una buena formación literaria; segundo, porque tienen un buen criterio, pero lo más importante de todo, de verdad, es que me dicen lo que piensan, así sea lo más doloroso* **"** .

El sueño de
es poner una
literaria
autor com

mi vida

agencia

tener un

yo

[signature]

1945

Aunque residía en México, Gabo jamás se fue de Colombia. Tenía una red de amigos que manejaba información de primera mano y que se comunicaba con él todos los días para contarle pormenores de la actualidad.

"Yo manejo la gloria, Mercedes los asuntos terrenales", dijo Gabo. Su esposa lo acompañó en todos los momentos de su carrera. De estatura corriente, rasgos indígenas, tiene un carácter guajiro. No se pinta. No usa joyas.

El día del anuncio del Premio Nobel, la casa de Gabo en México era un jolgorio. Las secretarias Teresa Ortiz y Ubalda Martínez pudieron contestar decenas de llamadas de todas partes del mundo hasta que el hilo telefónico colapsó.

La amistad de Gabo y Arizmendi duró poco más de tres décadas. La última vez que se vieron en un restaurante en Bogotá, Gabo ya tenía algunos problemas de memoria.

Una imagen de Gabo trabajando en su estudio; un momento en que nadie podía interrumpirlo, salvo la música de fondo. Para todas sus novelas, tenía varias máquinas de escribir.

El entusiasmo de Gabo por hacer un periódico independiente en Colombia lo llevó a meterse de lleno en temas de números. Quería hacer un diario que formara a los mejores periodistas del continente, el preámbulo de su Fundación de Nuevo Periodismo Iberoamericano.

Un año más tarde de la celebración del Nobel, en diciembre de 1983, García Márquez y 16 amigos retornaron a la semilla, desde Riohacha. La primera escala fue en las minas de El Cerrejón y luego en el mundo mágico de Macondo, Aracataca, donde Gabo participó en varias parrandas y sancochos. Se abrazó con su pueblo.

El escritor acostumbraba vestirse con un overol azul de faena para escribir sus textos literarios. Se trataba de un rito diario que culminaba a eso de las dos o tres de la tarde cuando llegaba la hora del descanso.

No se escribía cartas con sus amigos. Siempre prefirió mantener una constante comunicación telefónica con todos ellos, sin importar que estuvieran en Bogotá, en La Habana, en España o en Roma. Decían que era el mejor cliente de la telefónica mexicana.

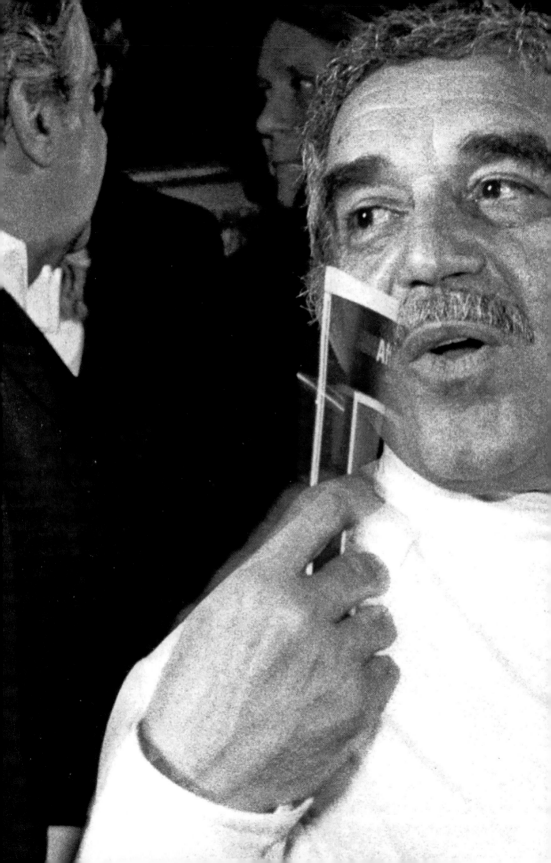

La idea del escritor para la celebración del Nobel fue llevar gente auténtica de su tierra, donde reinara la alegría del Caribe. Estocolmo nunca había tenido rosas amarillas, acordeones y bailarines.

Fue en la parranda del anuncio del Nobel cuando Gabo discutió con sus amigos más íntimos sobre el traje que vestiría en Estocolmo. Aunque en un primer momento pensó en vestir guayabera, al final optó por la blancura del liqui liqui.

Gabo fue el centro de atención de los premios en el frío de Estocolmo. En la cena de gala, que los reyes de Suecia brindaron a los premiados, le hicieron la distinción de sentarlo a su lado y conversar sobre *Cien años de soledad*.

En todas partes de la capital sueca la gente se paraba y aplaudía al escritor colombiano. Por eso Gabo se emocionaba a cada instante.

La única vez que Gabo estuvo preocupado por el dinero fue en los tiempos en que tuvo que firmar cheques para la constitución del periódico *El Otro*, su sueño periodístico más grande antes de recibir el Premio Nobel.

De forma cercana y serena, la amistad del periodista y el escritor quedó registrada en la celebración de un cumpleaños de Darío Arizmendi, en Bogotá, en compañía de serenateros y políticos de la época.

Por caribe, por una amistad entrañable y mamagallista, Alejandro Obregón era de la corte cercana de Gabo. La foto se tomó en la casa del escritor en San Ángel, México, frente al cuadro que estaba en el lugar más visible de su hogar. El pintor le había regalado su autorretrato con perforaciones de pistola, una de ellas en el ojo.

Son pocos los registros del escritor colombiano en medio de su jornada de trabajo en su estudio en México. Allí, en la intimidad de su escritorio, nunca dejó de conectarse con la realidad colombiana y con sus amigos más cercanos.

Darío Arizmendi es periodista y politólogo,
graduado en España. Fue jefe de redacción
de El Colombiano, cofundador y director
del diario El Mundo de Medellín. Fue
director del Servicio Informativo de
Caracol Radio durante 13 años, director y
presentador del programa "Cara a Cara"
del Canal Caracol y director de "Entérate"
de Caracol Internacional.

   Ha sido galardonado con más de 30
premios de periodismo en el mundo, entre
ellos el premio María Moors Cabot de la
Universidad de Columbia, el premio Rey de
España y el premio Simón Bolívar a la Vida
y Obra de un periodista. En los últimos 24
años ha sido director del programa "6 AM
Hoy por Hoy" de Caracol Radio.